궁극의 **힘**

국제제자훈련원은 건강한 교회를 꿈꾸는 목회자의 동반자로서 제자 삼는 사역을 중심으로 성경적 목회 모델을 제시함으로 세계 교회를 섬기는 전문 사역 기관입니다.

궁극의 힘 다시 세우는 교회 이야기

초판 1쇄 인쇄　2013년 4월 30일
초판 1쇄 발행　2013년 5월 5일

지은이 옥성석
펴낸이 오정현
펴낸곳 도서출판 국제제자훈련원

기획편집 김명호
편집책임 옥성호
편집 김진현
표지디자인 고경원
편집디자인 참디자인
마케팅 김겸성 송상헌 박형은 김미정 손은실
등록 제22-1240호(1997년 12월 5일)
주소 (137-865) 서울시 서초구 서초 1동 1443-26
e-mail dmipress@sarang.org　**홈페이지** www.discipleN.com
전화 (02)3489-4300　**팩스** (02)3489-4329

ISBN 978-89-5731-614-6 (03230)

※ 책값은 뒤표지에 있습니다. 잘못된 책은 구입하신 곳에서 교환해 드립니다.

다시 세우는 교회 이야기

궁극의 힘

옥성석 지음

국제제자훈련원

추천사

　흔히 이 시대 강단을 일컬어 '설교 홍수'라 표현합니다. 성도들은 인터넷 통신의 발전으로 전국 교회의 설교를 안방에서 쉽게 들을 수 있게 되었습니다. 홍수가 나면 순식간에 물이 불어나듯, 득실을 헤아릴 겨를 없이 매우 짧은 기간에 설교의 거대한 물결이 눈앞에 넘실대고 있습니다. 하지만 이런 눈에 보이는 부유함과는 달리, 성도들의 삶은 그에 걸맞은 성장, 성숙과는 거리가 멀어 보입니다. 영적인 꼴을 갈구하며 영혼의 허기를 호소하는 목소리가 점점 높아만 갑니다. 성도들의 허기진 외침은 마치 파수꾼이 아침을 기다리듯 간절합니다.

　강단을 맡은 설교자로서 '설교 홍수'와 '영적 성숙'이라는 두 축을 기준으로 반비례 그래프가 예리하게 대두되는 지금의 현실을 보면서 심히 안타깝습니다. 이 문제를 어떻게 풀어가야 할지 더욱 고민됩니다. 홍수가 나면 물은 넘쳐 나지만, 생명 유지를 위해 필요한 물, 곧 깨끗한 물은 절대 부족하기 때문입니다. 더욱이 설교가 영혼을 변화시키지 못하는 허공의 울림이라고 단정해 점점 귀를 닫는 일이 눈앞에 현실이 되었습니다.

옥성석 목사님은 이런 영적 빈곤으로 목말라하는 성도들을 보며 누구보다도 진정으로 마음 아파하는 설교자입니다. 강단이야말로 목사가 있어야 할 첫 번째 자리임을 뼈저리게 인식해, 그 철학대로 목회 현장에서 실천하고 계십니다. 열매의 풍성함도 있습니다. 또한 제자훈련의 핵심적 가치인 '한 영혼 목양'에 비전을 두고 이를 평생 붙잡아 오셨습니다. 이 일이 더욱 뿌리 내리도록 열정을 쏟으시는 모습은 후배 설교자들에게 선한 귀감이 됩니다.

옥 목사님의 신간 『궁극의 힘』은 설교의 건강한 모델이 바로 강해 설교임을 알려 줌과 동시에 이를 바탕으로 강해 설교의 실제를 유익하게 전해 줍니다. 세속적 힘의 논리를 진리로 여기는 이 시대 속에서 "하나님만이 원천적 권세와 주인이 되신다"고 외친 부분은 저에게도 큰 위로와 도전이었습니다. 부디 이 책이 많은 설교자와 성도들의 손에 들려 올곧은 강단 사역에 자극이 되고, 영혼의 생수에 목말라하는 성도들에게는 해갈의 기쁨이 되길 소망합니다. 강단의 동역자로서 기쁜 마음으로 일독을 권합니다.

_ 송태근(삼일교회 담임목사)

옥 형은 학부 시절부터 '힘깨나' 쓰는 사람이었습니다. "나 힘들어" 하고 말하면 그는 이렇게 외칩니다. "다들 힘내!" 그래서 그의 말은 언제나 '활력'이 되었습니다. 사람들은 궁금합니다. "어떻게 해서 '힘깨나' 쓰는 사람이 되었지?" 그에게는 멈추지 않는 엔돌핀(Endorphin)이 있습니다. 한참 지나서야 그의 '힘'(力, 사물을 꿰뚫어 보는 통찰력, 사람을 이끄는 견인력, 사태를 새롭게 구성해 내는 창의력)이 실상은 '힘'(hymn, '찬송')에서 왔다는 것을 알게 되었습니다. 그의 입술에서 떠나지 않던 찬양과 고백은 '여호와를 기뻐하는 것'이었습니다. 나는 그에게서 느헤미야를 봅니다. 아니 느헤미야를 통해 옥성석을 만납니다. 둘은 닮았습니다. 생명력 넘치는 삶 말입니다!

『궁극의 힘』은 삶의 경쟁력을 갖춰야 할 청년의 과제를 놓고 씨름하는 우리 집의 두 녀석, 찬이와 준이에게도 나침반이 될 듯합니다. 아니 어느 날, 소리 소문도 없이 내게 찾아온 중년의 무기력을 극복하기 위한 하나님의 처방전인 듯해 날 듯이 기쁘기만 합니다. 힘(力)!

_ 송길원(가족생태학자, 행복발전소 하이패밀리 대표)

느헤미야는 세상의 힘의 원리를 뛰어넘어 진정한 힘의 원리가 '여호와를 기뻐하는 것'이라고 여겼습니다. 이 책은 여호와를 기뻐하는 느헤미아의 삶을 통해 하나님께서 어떻게 역사하셨는지를 보여 주고 있습니다. 느헤미야는 세상이 생각하는 힘의 원천인 권력, 명예, 돈, 자리를 버리고 하나님 말씀에 순종했습니다. 여호와만으로 만족하는 것! 그것이 바로 '힘'입니다. 그 힘을 얻길 원하는 분들께 이 책을 권하고 싶습니다.

_ 이경숙 (한국장학재단 이사장)

이 책은 저자의 깊은 묵상과 연구를 통해 이 시대 교회와 성도들이 알아야 할 삶의 원칙과 성경적 가치관을 전하고 있습니다. '물질'과 '권력'만이 세상을 살아가는 '힘'이라고 믿는 이 시대에 뚜렷한 성경적 가치관으로 사는 것이 얼마나 중요한 일입니까? 이 책을 읽어 가다 보면 저자의 깊은 안목과 열정이 느껴집니다. 바로 저자는 목회 현장에서 뛰는 목회자로서 예리한 통찰력과 더불어 성도들을 향한 따뜻한 애정을 균형감 있게 설교로 책에 담았습니다. 이 책을 기쁜 마음으로 추천합니다. 안락한 지위를 버리고 조국을 위해 몸을 던진 느헤미야,

우리 시대에 진정 이와 같은 느헤미야의 정신이 필요합니다. 이 책을 통해 많은 성도들이 느헤미야의 정신을 이어가길 바라며, 나아가 이 땅의 대안이 되는 건강한 교회들이 많이 세워지길 기대합니다.

_ 이찬수(분당우리교회 담임목사)

옥성석 목사님은 그 동안 강단을 통해 은혜를 끼쳤던 원고들을 여러 권의 책으로 엮어 출판한 바 있습니다. 야곱, 삼손, 룻 등 한결같이 성경에 등장하는 약한 인물들을 주제로 했습니다. 이번에는 느헤미야를 선택했습니다. 옥 목사님은 이 느헤미야를 통해 이 시대를 살아가는 교회 지도자들과 그리스도인들이 의지하고 기대해야 할 궁극적인 힘이 재물도, 세상 정치의 권력도 아닌, 오직 여호와 하나님에게서 임하는 '위로부터의 능력'임을 강하게 전합니다. 따라서 이 책은 목회자뿐만 아니라 신학생, 특히 이 시대의 젊은이들에게도 큰 도움이 되리라 확신합니다. 다시 한 번 책의 출간을 축하하며 일독을 권합니다.

_ 정일웅(총신대학교 총장)

서문
'궁극의 힘'을 찾아서

메소포타미아를 중심으로 한 고대 근동 지역은 '힘'의 각축장이었다. 함무라비(Hammurabi, B.C. 1792-1750)가 설립한 고(古) 바벨론 왕국 이후, 우발릿(Asshur-uballit, B.C. 1356-1321)이 세운 앗수르 왕국이 세계 제국으로 우뚝 서더니, B.C. 7세기에 와서는 갈대아인들이 앗수르를 몰아내고 그 자리에 신(新) 바벨론 제국을 건설했다. 이 와중에 변방 약소국에 불과했던 북이스라엘은 앗수르(B.C. 722)에, 남유다는 신 바벨론에게 점령당하고 만다(B.C. 586). 남유다를 함락시킨 느부갓네살 왕은 유다의 유능한 젊은이들을 포로로 끌고 갔다. 이는 유다가 다시 일어서지 못하도록 싹을 잘라 버림과 동시에 자신들의 고급 재원으로 쓰려는 양동전략이었던 것이다. 하지만 이 바벨론 제국 역시 페르시아의 고레스 왕에게 아무런 저항도 못하고 성문을 열어 주고 만다(B.C. 539). 성경 느헤미야는 이 제국들의 흥망성쇠를 배경에 깔고 있다.

'여호와에게 위로받음'이라는 뜻을 지닌 느헤미야(Nehemiah)는 근동 지역의 새 우두머리로 자리 잡은 페르시아 아닥사스다 1세(B.C. 465-424)의 신임을 얻어 '술 맡은 관원장'이라는 높은 위치에 올랐다. 이는 왕이 먹고 마시는 것과 관련한 모든 일을 책임지는 주요 관직이다. 당시는 궁중 암투가 자주 일어났기에 왕은 자신의 생명 보존을 위해 가장 믿을 수 있는 자에게 이 직책을 맡겼다. 만일 그가 조금이라도 마음을 나쁘게 먹거나 적에게 회유되면 큰일이기 때문이다. 그래서 느헤미야는 항상 왕 곁에 있었다. 그러다 보니 자연스럽게 국사(國事)와 관련해 대화도 나누고, 건의도 하며, 더 나아가 술친구가 되어 주기까지도 했다. 말하자면 그는 현대판 '문고리 권력'의 원조라고 할 수 있다. 이 위치에 머물면서 그가 본 것, 깨달은 것은 무엇인가?

그것은 바로 '힘'이었다. 힘의 원천, 흐름, 위력, 쇠퇴를 똑똑히 보았다. 넓게는 제국들의 흥망성쇠라는 역사를, 좁게는 궁궐 내부에서 벌어지는 파워 게임을 두 눈으로 똑똑히 지켜보면서, 힘을 얻기 위해 또 그 힘을 유지하기 위해 비정한 투쟁과 각고의 노력을 쏟아 붓는 냉엄한 현실을 바라보며 그는 스스로에게 질문을 던졌다. 과연 힘, '궁극의 힘'은 무엇인가? 어떻게 하면 그 힘을 얻는가?

오랫동안 그 힘을 유지하는 방법은 무엇인가?

느헤미야서는 이 질문에 대한 답이다. 느헤미야는 단도직입적으로 선언한다.

"여호와를 기뻐하는 것이 너희의 힘이니라"(느 8:10, 개역한글).

이 한 마디가 성경 느헤미야 전체를 관통한다. 느헤미야는 이 짧은 메시지를 독자들 가슴에 심어 주기 위해 펜을 들었다. 아니 몸소 행동을 취한다. 느헤미야를 펼치자마자 이 '문고리 권력'이 다른 곳으로 시선을 돌리는 것을 발견한다. 눈코 뜰 새 없이 바쁜 국사, 더군다나 주군(主君)에게 온통 관심을 쏟아야 하는 위치에 있는 그가 저 멀리 예루살렘에 관심을 갖는다. 그곳에 살고 있는 백성들의 형편에 주목한다. 여기에서 끝나지 않는다. '술 맡은 관원장'의 직위를 미련 없이 내던지고 예루살렘을 향해 분연히 떠난다.

예루살렘, 그곳은 짓밟힌 조국의 수도, 이미 폐허로 변해 버린 도성, 젊은이들은 다 포로로 붙잡혀 가고, 늙은이들과 어린아이들만 죽지 못해 살아가는 텅 빈 도시, 그야말로 '힘없음'의 상징이었다. 그런데 느헤미야는 대제국 바벨론이 허물고 불태운 상직막(上直幕)에 도착해 성벽 건축에 온 힘을 쏟는다(B.C. 444). 그 과정에서 산발랏, 도비야, 게셈 같은 자들의 집요한 방해 공작도 받는다. 하지만 전혀 신경 쓰지 않는다. 동틀 때부터 별이 뜰 때까지, 심지어 잠잘 때도 옷을 벗지 않고, 물을 기를 때도 병기를 놓지 않았다. 그래서 양문(羊門)으로 시작한 성벽 건축을 52일 만에 완성한다. 그 후, 느헤미야는 백성들을 수문 앞 광장에 모두 모으고 학사 에스라를 통해 율법의 말씀을 새벽부터 정오까지 듣게 한다. 성회가 절정에 달했을 때 현장에 나타난 느헤미야는 이렇게 선포한다. "여호와를 기뻐하는 것, 힘이니라"(느 8:10).

느헤미야는 '궁극의 힘'이 여호와 하나님에게서 나온다고 선포한다. 그 힘을 얻기 위해서는 여호와를 기뻐해야 한다고 온 몸으로 외친다. '여호와를 기뻐하는 것'이란 세상의 힘, 곧 권력을 의지하지 않고, 약한 자, 소외된 자, 그래서 꿈을 잃고 우는 자들에게 다가가 그들과 함께하는 것이라고 온 백성에게 깨우친다.

오늘날 교회는, 목회자는, 또 성도들은 하나님이 힘이심을 입술로는 고백하나 마음으로는 멀어져 있다(마 15:8). 세속 권력, 교회 건물, 모이는 숫자, 학위 등의 '무망한 갑옷'을 입으려고 안간힘을 다한다. 반면 무너진 성벽, 좌우를 분변하지 못하는 어린아이, 힘없는 늙은이의 곁으로 다가가 그 허물어진 성벽을 세워 주며, 그들의 눈물을 훔쳐 주고, 같이 울어 주려는 열정은 찾아보기 힘들다.

이 책은 이런 안타까운 현실 속에 허우적거리는 이 세대와 그 누가 아닌 바로 나 자신을 향해 하나님이 바라시며 또 듣고 깨닫길 원하시는 메시지를 정리한 것이다. 그리고 이 메시지가 강단을 통해 선포되었을 때 마치 '수문 앞' 광장의 백성들처럼 말씀 앞에서

"아멘, 아멘!" 했던 충정교회 여러 성도들 때문에 용기를 얻어 출간을 결심하게 되었다(느 8:6).

한편 거친 원고를 다듬어 주어 독자들이 편히 읽을 수 있도록 수고를 아끼지 않은 국제제자훈련원 출판 관계자들에게 감사를 드린다. 아울러 기꺼이 추천의 글로 격려를 아끼지 않으신 송태근 목사님(삼일교회), 송길원 목사님(하이패밀리), 이찬수 목사님(분당우리교회), 정일웅 총장님(총신대학교), 특히 지난 20여 년 동안 영적 기도 동지로 함께해 주신 이경숙 이사장님(한국장학재단)께도 진심 어린 고마움을 전하고 싶다. 끝으로 지난 삼십 수년 동안 영적 분별력과 기도로 흔들림 없이 내조의 길을 걸어온 아내와 사랑하는 주리, 찬영이의 이름을 떠올려 본다.

2013년 5월 5일

옥성석

차례

추천사 • 005

서문 _ '궁극의 힘'을 찾아서 • 011

프롤로그 _ 하나님 안에서 궁극의 힘을 찾다(느 8:1-12) • 020

1부
세상에 맞서는 힘1 틀 세우기

1장 여호와를 기뻐하라(느 1:1-11) • 031
    말씀의 힘
    교회의 힘
    회개의 힘
    중보기도의 힘
    눈먼 계산법으로 세상을 보다
    그리스도 예수의 마음을 품다

2장 일상의 은혜 속에서 힘을 찾으라(느 2:1-10) • 067
    더불어 사는 삶, 아름다운 의무
    하나님의 힘으로 갈아타기
    도우시는 하나님의 손
    하나님이 내게 말을 걸어 올 때
    예민하게 깨어나는 영적 감수성

3장 가난하나 부유한 그 땅으로 향하라(느 3:1-6, 32) • 085
　　갈림길에 서다
　　하나님, 관계회복의 중심
　　본향, 더 나은 힘

4장 보이지 않는 평화의 힘으로 달려가라(느 4:1-6) • 101
　　다른 소원을 갖고 사는 사람
　　하나님, 악을 이기게 하는 힘
　　페이스메이커인가 피스메이커인가

5장 차가운 경쟁을 따뜻한 나눔으로 바꾸라(느 5:1-13) • 121
　　과욕의 도구가 돼 버린 사람들
　　이기적인 경쟁, 해법은 '나눔'
　　나눔, 가장 창조적인 힘

6장 불완전한 순간을 완전한 선택으로 바꾸라(느 6:1-9) • 141
　　믿음을 갉아 먹는 반칙자들
　　사탄, 힘의 방해꾼
　　불완전한 순간 VS 완전한 선택

7장 위조된 힘 앞에서 더욱 담대하라(느 7:1-7) • 155
　　두 개의 비문
　　환난 앞에 분발하기

2부
세상에 맞서는 힘 2   내면 채우기

8장 세상을 잠재울 수 있는 초막을 지으라(느 8:13-18) • 173
    힘, 삶에서 찾다
    초막의 이변
    성전, 영원한 힘
    세상이 놀라다

9장 보이지 않는 영적 플랫폼을 다시 세우라(느 9:1-5) • 189
    하나님은 그렇게 힘이 세다
    '하나님'이라는 플랫폼을 다시 세우라
    '자아'라는 플랫폼을 다시 세우라
    '은혜'라는 플랫폼을 다시 세우라
    선택의 기로에서

10장 화려한 율법보다 단순한 믿음으로 나아가라(느 10:1-8) • 205
    우리가 탐한 선악과는 무엇인가
    안식일과 십일조에 대한 다짐
    율법에서 자유하는 길은 오직 십자가

11장 예배의 자리를 채우라(느 11:1-6) • 221
    도망가기 바쁜 사람들
    과연 행복하다고 할 수 있는지
    행복, 아름다운 성전에서

12장 즐거움으로 천국을 맛보라(느 12:40-43) • 239
하나님의 식탁 앞에서
즐거움, 미리 맛보는 천국의 맛
영원한 것을 갈망함

13장 위조된 힘을 분별하라(느 13:1-3, 14) • 257
옳은 힘을 발휘할 때
위조된 힘의 분별 1. 사람
위조된 힘의 분별 2. 장소
위조된 힘의 분별 3. 물질

에필로그 _ 기억의 공간에서 하나님을 꿈꾸다(느 13:28-31) • 275

프롤로그

하나님 안에서 궁극의 힘을 찾다(느 8:1-12)

"사랑하는 자여 네 영혼이 잘 됨같이 네가 범사에 잘 되고 강건하기를 내가 간구하노라"(요삼 1:2).

요한 장로는 사랑하는 가이오를 이렇게 축복했다. 개인적으로 이 복을 우리 교회 성도들과 이 책을 읽는 독자들에게 드리고 싶다. 사랑하는 한국 교회 성도들과 그들의 가정, 그들이 관계하는 일들 위에 하나님의 은혜와 축복이 넘치기를 소원한다.

우리 앞에 놓인 미래는 그다지 밝아 보이지 않는다. 우리에겐 정치 경제적으로 여전히 풀리지 않은 여러 문제들이 있다. 곳곳에서 우려의 목소리가 나오고 있고, 이에 대비라도 하듯 대그룹들은 허리띠를 조여 매며 날마다 각오를 새롭게 한다. 몇몇 그룹이 내걸고 있는 중심 표어는 다음과 같다.

　삼성은 안불망위(安不忘危), 평안한 가운데서도 긴장의 끈을 놓지 않는다.
　현대는 세한송백(歲寒松柏), 추운 겨울에도 소나무와 잣나무가 잎이 지지 않는 것처럼 푸름을 잃지 않는다.
　LG는 동산재기(東山再起), '동산에서 다시 일어난다'는 뜻으로 실패했을지라도 다시 한 번 일어선다.
　SK는 석전경우(石田耕牛), '자갈밭을 가는 소'란 뜻으로 거친 돌밭을 갈아엎듯이 강하고 우직하게 나아간다.

　세계 역사는 냉엄하다. 힘이 있는 나라는 지배하고, 힘이 없는 나라는 압제를 당하거나 망한다. 소련이 무너진 뒤 세계는 초강대국 미국의 손아귀에 좌지우지되는 듯했다. 지금 현실은 어떤가? 중국이 새로운 패권 국가로 떠오르고 있다. 2020년이면 중국의 국내총생산(GDP)이 미국을 앞지를 것이라는 전망이다. 국제정치학자 로버트 카플란(Robert Kaplan)은 '중국 영향권 지도'를 그리면서 "아시아권에서 일본과 인도 외에는 모두 중국 영향권 속에 빨려들어 갈 것"이라고 전망했다.
　국가와 국가 사이에도 힘의 원리가 작용하는데, 개인과 사회에는 어떻겠는가? 집단에서부터 각 개인에 이르기까지 힘을 얻기 위해 본능적으로 눈물겨운 노력을 한다. 힘이 없으면 뒤처지고, 그러다 보면 누군가에게 밀려나거나 밟혀 버리기 때문이다. 누구에게는 '돈'이, 누구에게는 '명예'가, 누구에게는 '학벌'이, 누구에게는 '인맥'이, 누구에게는 '외모'가 '힘'(力)이다. 그래서 그 힘을 얻기 위해 수단과 방법을 가리지 않는다. 당신은, 당신이 속한 교회는 지금 어떤 힘을 얻기 위해 노력하는가? 그것이 진정으로 힘이 된다고 확신하는가?

느헤미야의 외침

이스라엘은 지형적으로 열강에 둘러싸인 조그마한 나라다. 그런데 솔로몬 통치 이후 남북으로 나뉘었다. 그때부터 작은 나라 이스라엘의 힘 역시 반으로 줄었다. 그러다가 북이스라엘은 B.C. 722년 앗수르의 살만에셀 5세에게 멸망했고, 남유다는 B.C. 586년 바벨론의 느부갓네살에게 패해 나라를 잃고 말았다. 당시 바벨론은 대단한 강국이었다. 그러나 바벨론도 얼마 있지 않아 신강국 페르시아에게 망하고 만다. 힘이 없는 백성, 힘이 약한 나라는 가차 없이 사라지는 약육강식(弱肉强食)의 역사다. 세상의 원리로 보면 '힘'

이 곧 '정의'다.

이 현장을 눈여겨본 한 사람이 있었다. 바로 느헤미야다. 느헤미야는 자기 민족이 힘 있는 바벨론에게 망하는 것을 두 눈으로 똑똑히 보았다. 그런데 바벨론 역시 그보다 강한 페르시아에게 순식간에 먹히는 현장을 똑똑히 목격했다. 느헤미야는 어찌하든 힘이 있어야만 살아남을 수 있음을 뼈저리게 실감했다.

그러나 느헤미야는 놀랍게도 또 하나의 중요한 원리를 발견했다. 약육강식과 같은 힘의 원리와는 전혀 다른 원리였다. 그 원리를 발견한 느헤미야는 '술 맡은 관원장'이라는, 당시 실세(實勢)였던 자리를 미련 없이 포기했다. 그리고 이스라엘로 돌아왔다. 느헤미야가 발견한 원리는 무엇인가?

먼저 당시 역사적 상황을 정리해 보자. 남유다가 망하자 유대 젊은이들은 세 차례에 걸쳐 바벨론에 포로로 잡혀 갔다. 1차 포로들은 B.C. 605년, 2차 포로들은 B.C. 597년, 3차 포로들은 B.C. 586년이다. 3차 포로들이 잡혀 갈 무렵, 예루살렘 성전이 무너졌고, 남유다의 왕위는 끊어졌다.

후에 포로들의 귀환도 3차에 걸쳐 이뤄졌다. 1차 귀환은 B.C. 537년에 스룹바벨의 인도로 이뤄졌으며, 2차 귀환은 B.C. 458년에 에스라의 인도로 이뤄졌다(스 7:1-10). 마지막 3차 귀환은 B.C. 444년에 느헤미야의 인도로 이뤄졌다(느 1:1, 2:1).

1차로 귀환한 스룹바벨은 성전을 다시 세웠다. 2차로 귀환한 에스라는 영적 부패와 타락을 바로잡는 데 힘썼다. 마지막으로 돌아온 느헤미야는 무너진 예루살렘 성곽을 다시 세우는 일에 온 힘을 다했다. 하지만 산발랏과 도비야, 게셈 같은 사람들이 성전 건축을 방해했다. 거기다 아라비아, 에돔, 아스돗 사람들도 방해했다. 그들은 이스라엘이 예루살렘 성을 다시 세워 강력한 나라가 되는 것을 원치 않았기 때문이다. 그러나 이스라엘 민족은 느헤미야를 중심으로 한마음, 한뜻이 되어 이 거대한 역사를 이룩했다. 드디어 52일 만에 이들은 감격스럽게 성벽을 완성했다(느 6:15).

느헤미야는 예루살렘 성을 다시 세운 뒤 지도자를 선택해 리더십을 확보했다.

"성벽이 건축되매 문짝을 달고 문지기와 노래하는 자들과 레위 사람들을 세운 후에 내 아우 하나니와 영문의 관원 하나냐가 함께 예루살렘을 다스리게 하였는데 하나냐는 충성스러운 사람이요 하나님을 경외함이 무리 중에서 뛰어난 자라"(느 7:1, 2).

느헤미야는 여기서 멈추지 않았다. 이후 구절에는 당시에 있었던 인구조사 결과가 소개된다.

"온 회중의 합계는 사만 이천삼백육십 명이요 그 외에 노비가 칠천삼백 삼십칠 명이요 그들에게 노래하는 남녀가 이백사십오 명이 있었고"(느 7:66, 67).

인구조사는 곧 군사력 점검을 의미한다. 심지어 짐승의 숫자까지 세었다.

"말이 칠백삼십육 마리요 노새가 이백사십오 마리요 낙타가 사백삼십오 마리요 나귀가 육천칠백이십 마리였느니라"(느 7:68, 69).

또한 인구조사는 전투력 점검을 의미한다. 즉 장비를 확보했다는 말이다. 더 나아가 금은보화까지 낱낱이 늘어놓고 있다.

"어떤 족장들은 역사를 위하여 보조하였고 총독은 금 천 드라크마와 대접 오십과 제사장의 의복 오백삼십 벌을 보물 곳간에 드렸고 또 어떤 족장들은 금 이만 드라크마와 은 이천이백 마네를 역사 곳간에 드렸고 그 나머지 백성은 금 이만 드라크마와 은 이천 마네와 제사장의 의복 육십칠 벌을 드렸느니라"(느 7:70-72).

이것은 바로 보급 물자, 곧 전투 자금을 확보했다는 말이다.

진정한 힘의 원리

지도자, 사람, 부하, 짐승, 금은보화, 이게 다 무엇인가? 바로 '힘'(力)이다. 힘을 상징하는 것이다. 바로 이런 것에서 힘이 나온다. 이스라엘은 이제 힘을 갖게 되었다. 성벽도 완벽하게 쌓고, 문짝도 달았다. 문지기도 세웠고, 지도자도 선출했다. 사람도 어마어마하게 많다. 노비도 즐비하다. 짐승도 헤아릴 수 없이 많다. 금은보화도 풍부하다. 이제는 주변 나라들이 얕보지 않을 것이며, 쉽게 쳐들어오지도 못할 것이다. 이제 되었는가? 견고히 쌓은 성이 이들을 지켜 주고, 큰 힘이 될 것인가?

느헤미야는 '아니다!'라고 단호히 답한다. 무너진 예루살렘 성벽을 다시 쌓고, 문짝도 새로 다니 겉으로는 그럴듯해 보인다. 하지만 그렇다고 해서 이것이 백성들을 지켜 주는 진정한 힘이 되지 못한다는 사실을 잘 알고 있었다. 왜냐하면 느헤미야는 대제국 바벨론이 한순간에 망하는 것을 보았기 때문이다. 권력자 곁에서 친히 힘을 과시해 보기도 했으나 그게 진정한 힘이 아니라는 사실도 뼈저리게 느꼈다. 그래서 이런 것만을 의지해 살아가려는 이스라엘 백성의 안일한 태도에 쐐기를 박았다. 바로 이것이 느헤미야가 발견한 원리다.

"여호와를 기뻐하는 것이 너희의 힘이니라"(느 8:10, 개역한글).

예루살렘 백성들은 온 힘을 다해 건축한 성 안에서, 훌륭한 지도자, 수많은 사람, 군인, 재물을 의지해 안주하려고 했다. 백성들은 '이제는 외세의 침입이 없겠지. 이 성은 우리를 언제까지나 안전하게 지켜 줄 거야!'라고 생각했을 것이다. 그러나 느헤미야는 이런 오해에 빠진 이스라엘 백성에게 "이 성은 너희의 힘이 될 수 없다. 너희의 진정한 힘은 여호와를 기뻐하는 것이다"라고 단호하게 말한다. 한마디로 '은혜의 원리'를 일깨운다.

그런데 자세히 보면 '여호와가 힘이다'라고 하지 않는다. '여호와를 기뻐하는 것이 힘이다'라고 말하는 것 아닌가? '여호와를 기뻐하는 것'이란 구체적으로 어떤 것을 말하는가?

이제부터 성경 느헤미야를 통해 '여호와를 기뻐하는 그 길'을 찾아보려고 한다. 우리는 느헤미야의 행적을 통해, 그를 통해 일하신 하나님을 통해 지금 우리 자신이 의지하고 있는 것이 무엇인지를 적나라하게 되돌아보게 될 것이다. 그리고 다시금 진정한 그리스도인으로 어떻게 살아야 하는지, 올바로 알게 될 것이다. 느헤미야처럼 바르게 알고, 바라고, 행동하는, 우리 시대 진정한 그리스도인으로 거듭나길 간절히 바란다.

Part 1
세상에 맞서는 힘 1
틀 세우기

1장
여호와를 기뻐하라

느헤미야 1:1–11

 인류의 역사는 힘이 지배하는 역사였다. 힘은 냉엄하다. 선거를 앞두고 정치 권력, 즉 힘의 중심부가 요동치는 모습을 우리는 보았다. 힘이 자리 잡는 곳으로 사람들이 모인다. 이 원리는 개인에게도 그대로 적용된다. 힘이 있어야 한다. 힘이 없으면 뒤쳐지고, 그러다 밀려나면 여지 없이 밟혀 버린다. 오늘날 세상에서 최고라고 여기는 힘은 무엇인가? 바로 '돈', '명예', '학벌', '인맥', '외모'에서 힘이 나온다고 생각한다. 아니, 이런 것들이 실제 힘인 것처럼 느껴진다. 그래서 이런 것들을 어떻게든 얻어 내기 위해 수단과 방법을 가리지 않는다. 이것들을 손에 쥐는 것을 꿈, 소원, 목표로 삼는다. 그러나 그것이 진정 힘인가?

느헤미야는 이스라엘 백성들을 향해 이렇게 외친다. "여호와를 기뻐하는 것이 너희의 힘이다." 그들이 눈에 보이는 성곽, 지도

자, 인구 숫자, 노비, 짐승, 금은보화에서 힘이 나오는 것으로 착각하지 않도록 하기 위한 외침이었다. 대제국 바벨론도 한순간에 와르르 무너졌는데, '바벨론의 것'과 비교도 되지 않는 보잘것없는 것들을 힘으로 생각하며 의지한다는 것이 얼마나 어리석은 일인가? 느헤미야의 이 외침 속에서 다섯 가지 진정한 힘을 찾아보자.

말씀의 힘

느헤미야는 진정한 힘이 여호와를 기뻐하는 것이라고 외쳤다. 바로 이게 힘의 근원이다. 그러면 '여호와를 기뻐하는 것'이란 어떤 것인가? 느헤미야 8장을 자세히 보면, 여호와를 기뻐하는 것은 '말씀'과 깊은 관련이 있다. 말씀에 대해 어떤 자세를 가질 때 '여호와를 기뻐하는 것'이 되겠는가?

첫째, 말씀을 사모하는 태도다(느 8:1-6). 우선 백성들은 말씀을 사모하여 '수문 앞 광장' 즉 정한 장소에 모였다. 긴 시간 하나님의 말씀에 귀를 기울였다. 또한 말씀 전하는 자를 존경하며 협력했다. 그리고 말씀 앞에 몸을 굽혔다.

"백성이 율법의 말씀을 듣고 다 우는지라 총독 느헤미야와 제사장 겸 학

> *사 에스라와 백성을 가르치는 레위 사람들이 모든 백성에게 이르기를 오늘은 너희 하나님 여호와의 성일이니 슬퍼하지 말며 울지 말라 하고"*
> *(느 8:9).*

말씀을 사모하는 자는 말씀 앞에서 자기의 죄를 보고, 회개하며 뜨거운 눈물을 흘린다. 그 말씀을 통해 큰 위로와 힘을 얻는다. 그래서 또 운다. 말씀을 진정으로 사모하면 그 말씀이 나에게 살아서 다가온다. 감동, 감화되고, 변화를 체험한다. 바로 이것이 여호와를 기뻐하는 것이다.

개인적으로도 말씀 앞에서 자주 눈물을 흘린다. 설교를 준비하다 나도 모르게 흐르는 눈물을 주체하지 못할 때가 있다. 하나님이 영으로 들려주시는 음성을 듣기 때문이다. 눈물 다음에 찾아오는 것은 즐거움과 기쁨이다.

강단에서 말씀을 전하다 보면, 두 가지 영적 반응에 부딪힌다. 먼저는 말씀이 철판에 부딪치듯 튕겨 나오는 경우다. 그런 사람은 표정이 어둡고 설교자와 눈을 마주치지 않는다. 급기야 잠을 자는 경우도 있다. 물론 피곤하면 잠이 올 수 있다. 그러나 말씀 앞에서 매번 그런다면 분명 말씀을 기뻐하는 것이 아닐 것이다. 반면 스펀지(sponge)처럼 말씀을 빨아들이는 경우가 있다. 그런 사람은 표정이 밝고 고개를 끄덕이며 호응한다. 말씀에 "아멘!"으로 화답한다.

부디 말씀을 그대로 받아들이고, 말씀 전하는 자와 좋은 관계를 유지하길 바란다. 여호와께서 힘으로 임하실 것이다.

둘째, 말씀을 삶에 실천하는 것이다(느 8:13-18). 전에 이스라엘 백성은 말씀을 통해 초막절에 대한 내용을 들었다. 마침 말씀을 들을 때가 칠월 일일이었는데(느 8:2), 초막절을 지켜야 한다는 이 규례가 기억났다. 그들은 지체 없이 말씀을 삶에 적용했고, 행동에 옮겼다. 말씀을 사모하고, 그 말씀에 감동함을 입고, 거기에서 머무르는 것이 아니라 그 말씀대로 실천하기를 힘썼다. 바로 이것이 곧 여호와를 기뻐하는 것이다. 신명기 28장 말씀을 보라.

> "네가 네 하나님 여호와의 말씀을 청종하면 이 모든 복이 네게 임하며 네게 이르리니 성읍에서도 복을 받고 들에서도 복을 받을 것이며 네 몸의 자녀와 네 토지의 소산과 네 짐승의 새끼와 소와 양의 새끼가 복을 받을 것이며 네 광주리와 떡 반죽 그릇이 복을 받을 것이며 네가 들어와도 복을 받고 나가도 복을 받을 것이니라"(신 28:2-6).
>
> "여호와께서 너를 머리가 되고 꼬리가 되지 않게 하시며 위에만 있고 아래에 있지 않게 하시리니 오직 너는 내가 오늘 네게 명령하는 네 하나님 여호와의 명령을 듣고 지켜 행하며 내가 오늘 너희에게 명령하는 그 말씀을 떠나 좌로나 우로나 치우치지 아니하고 다른 신을 따라 섬기지 아니하면 이와 같으리라"(신 28:13, 14).

말씀에 대한 자세는 잘 듣는 것에서 시작된다. 그러나 들은 말씀을 실천하는 자리에까지 나아가야 한다. 바로 이것이 여호와를 기뻐하는 것이다. 그런데 이전 이스라엘 백성들은 어떻게 했는가? 느헤미야는 이스라엘이 망한 이유가 하나님께서 명령하신 계명과 율례, 규례를 지키지 않았기 때문이라고 한다.

> "주를 향하여 크게 악을 행하여 주께서 주의 종 모세에게 명령하신 계명과 율례와 규례를 지키지 아니하였나이다 옛적에 주께서 주의 종 모세에게 명령하여 이르시되 만일 너희가 범죄하면 내가 너희를 여러 나라 가운데에 흩을 것이요 만일 내게로 돌아와 내 계명을 지켜 행하면 너희 쫓긴 자가 하늘 끝에 있을지라도 내가 거기서부터 그들을 모아 내 이름을 두려고 택한 곳에 돌아오게 하리라 하신 말씀을 이제 청하건대 기억하옵소서"(느 1:7-9).

말씀을 지키지 않았다는 것은 여호와를 기뻐하지 않았다는 뜻이다. 하나님이 이스라엘에게 힘이 되지 않았다. 그러니 결국 망할 수밖에 없었다.

『순종』(Under Cover, 두란노), 『관계』(The Bait of Satan, NCD), 『존중』(Honor's Reward, 두란노) 등의 저서로 널리 알려진 존 비비어(John Bevere) 목사가 지난 2012년 한국을 방문했다. 당시 서울 코엑스 홀

에서 열린 '어웨이크 컨퍼런스'(Awake Confernce)의 강사로 메시지를 전했다. 그에게 어떤 이가 물었다. "성공이란 무엇입니까?" 그는 짧게 대답했다.

"성공이란 하나님이 당신을 위해 계획하신 그 계획을 이뤄 드리는 것입니다. 하나님을 기쁘시게 해 드리는 것입니다. 어떤 일을 하든지 말입니다."

정곡을 찌르는 답이었다. 어떻게 하면 하나님을 기쁘시게 할 수 있는가? 그의 설명은 이어진다.

"그분을 기쁘시게 하기 위해서는 말씀에 대한 갈망, 강력한 사모함이 필요합니다. 성경을 넘치는 기대감으로 읽으십시오. 예수님은 말씀을 통해 당신을 보여 주길 원하십니다. 말씀과 친해지십시오. 그리고 그대로 살기를 힘쓰십시오."

날마다 무슨 힘으로 살아가고 있는가? 무엇을 버팀목으로 삼고 있는가? 어떤 성을 쌓아 안주하고 싶은가? 그것이 그럴듯해 보이는가? 과연 그것이 언제까지 힘이 될 것 같은가? 자신은 물론이고, 자신이 속한 교회는 어떤지 돌아보아야 한다.

다윗은 "나의 힘이신 여호와여 내가 주를 사랑하나이다"(시 18:1)라고 고백했다. 그는 우리에게 이렇게 권한다. "또 여호와를 기뻐하라 그가 네 마음의 소원을 네게 이루어 주시리로다"(시 37:4).

여호와를 기뻐하는 것은 곧 말씀을 기뻐하는 것이다. 말씀을 사모하고 기뻐하는 자들에게 하나님은 힘으로 임하실 것이다. 내 힘으로 이룰 수도 또 얻을 수도 없는 것을 허락하실 것이다.

교회의 힘

느헤미야서를 잘 살펴보면, 느헤미야가 지대한 관심을 보이는 곳이 보인다. 바로 '예루살렘'이다. 느헤미야가 깊은 관심을 둔 예루살렘은 단순히 수도 예루살렘을 뜻하는가? 왜 유대 민족은 예루살렘 성을 그토록 소중하게 생각했는가? 그들이 이 성을 그리워한 이유는 무엇인가? 성경 다니엘에 그 이유가 나와 있다.

"다니엘이 이 조서에 왕의 도장이 찍힌 것을 알고도 자기 집에 돌아가서는 윗방에 올라가 예루살렘으로 향한 창문을 열고 전에 하던 대로 하루 세 번씩 무릎을 꿇고 기도하며 그의 하나님께 감사하였더라"(단 6:10).

다니엘이 예루살렘을 향해 하루 세 번씩 기도한 것은, 예루살렘에 하나님의 성전이 있었기 때문이다. 바로 이것이다. 이스라엘 백성이 예루살렘을 그토록 그리워한 이유는 바로 '성전' 때문이다. 성경 이사야를 보라. 여기서 '예루살렘'은 단지 성을 뜻하는가? 그렇지 않다.

"예루살렘을 사랑하는 자들이여 다 그 성읍과 함께 기뻐하라 다 그 성읍과 함께 즐거워하라 그 성을 위하여 슬퍼하는 자들이여 다 그 성의 기쁨으로 말미암아 그 성과 함께 기뻐하라 너희가 젖을 빠는 것같이 그 위로하는 품에서 만족하겠고 젖을 넉넉히 빤 것같이 그 영광의 풍성함으로 말미암아 즐거워하리라 여호와께서 이와 같이 말씀하시되 보라 내가 그에게 평강을 강같이, 그에게 뭇 나라의 영광을 넘치는 시내같이 주리니 너희가 그 성읍의 젖을 빨 것이며 너희가 옆에 안기며 그 무릎에서 놀 것이라 어머니가 자식을 위로함같이 내가 너희를 위로할 것인즉 너희가 예루살렘에서 위로를 받으리니 너희가 이를 보고 마음이 기뻐서 너희 뼈가 연한 풀의 무성함 같으리라 여호와의 손은 그의 종들에게 나타나겠고 그의 진노는 그의 원수에게 더하리라"(사 66:10-14).

느헤미야의 기도를 계속 살펴보자.

"만일 내게로 돌아와 내 계명을 지켜 행하면 너희 쫓긴 자가 하늘 끝에 있을지라도 내가 거기서부터 그들을 모아 내 이름을 두려고 택한 곳에 돌아오게 하리라 하신 말씀을 이제 청하건대 기억하옵소서"(느 1:9).

여호와께서 '내 이름을 두려고 택한 곳'은 어디를 가리키는가? 열왕기상 8장 29절을 보면, "주께서 전에 말씀하시기를 내 이름이 거기 있으리라 하신 곳 이 성전을 향하여 주의 눈이 주야로 보시오며 주의 종이 이곳을 향하여 비는 기도를 들으시옵소서"라고 나와 있다. 따라서 지금 느헤미야가 큰 관심을 보이는 예루살렘은 단순히 성으로서의 예루살렘이 아니다. 바로 예루살렘 성전을 말하는 것이다.

이 성전이 어떻게 되었는가? 당시 예루살렘 성전과 이 성전을 둘러싸고 있던 성곽은 참혹하기 그지없었다. 70년 세월 동안 그대로 방치되었으니 그 비참함은 상상하고도 남는다. 바벨론 군인들이 쳐들어와 거룩한 성전을 구둣발로 짓밟았다. 그 정도로 끝나지 않았다.

"벨사살 왕이 그의 귀족 천 명을 위하여 큰 잔치를 베풀고 그 천 명 앞에서 술을 마시니라 벨사살이 술을 마실 때에 명하여 그 부친 느부갓네살이 예루살렘 성전에서 탈취하여 온 금, 은 그릇을 가져오라고 명하였으니 이는 왕과 귀인들과 왕후들과 후궁들이 다 그것으로 마시려 함이었더라"(단 5:1).

바로 이때에 느헤미야는 어디에, 어떤 위치에 있었는가?

"하가랴의 아들 느헤미야의 말이라 아닥사스다 왕 제 이십 년 기슬르 월에 내가 수산 궁에 있는데"(느 1:1).
"그때에 내가 왕의 술 관원이 되었었느니라"(느 1:11).

느헤미야는 수산 궁에 있었다. 수산 궁은 대제국 페르시아 왕이 가지고 있던 별장 중에서 최고의 별장이었다. 느헤미야는 그곳에서 바사 왕의 술 맡은 관원장의 위치에 있었다.

한마디로 느헤미야는 당시 최대 강국의 원수인 왕 곁에서 왕의 신임을 독차지한 사람이었다. 게다가 부와 권력을 마음껏 누리면서 호화스럽게 살던 사람이었다. 하지만 눈코 뜰 새 없이 바쁜 사람이었다. 다른 곳에 관심을 두거나 눈을 돌릴 여유조차 없었다. 오로지 왕에게만 집중해야 했다. 그래야 더욱 신임을 얻고 부귀영화도 누릴 수 있기 때문이다.

그런데 이 상황에서 느헤미야는 왕이나 수산 궁, 자신의 자리와 권세, 세상의 힘보다 다른 것에 더 관심을 두었다. 바로 예루살렘 성전이었다. 성경 느헤미야를 펼치자마자 우리는 그 관심을 알아차릴 수 있다.

> "내 형제들 가운데 하나인 하나니가 두어 사람과 함께 유다에서 내게 이르렀기로 내가 그 사로잡힘을 면하고 남아 있는 유다와 예루살렘 사람들의 형편을 물은즉"(느 1:2).

그는 관심이 있었기에 생각했다. 사랑을 하면 바로 그 사람이 계속 떠오른다. 어떤 곳에 가서 멋있는 풍광을 볼 때, 맛있는 음식을 먹을 때, 잠에서 깨어날 때 생각한다. 시공간을 초월해 계속 보고 싶고, 대화도 나누고 싶다. 이게 관심이다. 언제 어디서나 자나 깨나 생각이 난다. 마음으로 생각하는 정도가 아니라 그와 관련한 일이라면 무엇이든지 물어본다.

느헤미야는 예루살렘을 방문하고 막 돌아온 하나니를 만나 예루살렘 성전의 형편을 물어본다. 당시 왕의 궁전에는 아무나 들어갈 수 없었다. 더군다나 하나니는 노예생활을 하는 자였으니, 더더욱 궁에 갈 일이 없었을 터다. 느헤미야는 하나니를 우연히 만난 것도 아니고 일부러 불러 예루살렘 형편을 알아보려 했던 것이다. 상황은 어떤지, 앞으로 어떻게 될 것인지 몹시도 궁금했기 때문이다.

우리 역시 관심 있는 주제에 대해서는 궁금한 것이 참 많다. 하지만 그 주제는 이와 너무 다르다. 아파트, 목걸이, 옷, 육아, 직장 등 참지 못하고 궁금한 것들을 꼬치꼬치 묻는다. '그건 얼마야?', '어디서 샀어?', '어떻게 생겼지?', '어떻게 했어?', '어떻게 되었지?' 그러나 관심이 없으면 묻지도 않는다. 게다가 사실을 알았을 때 책임이 넘어올 것 같은 것에는 일체 관심을 두지 않는다. '알지 못한다고 손해 볼 일 없다'는 심보다.

 진정 관심이 있다면 그 사실을 아는 것이 대단히 고통스럽다 할지라도 알아내려 할 것이다. 설령 내가 감당해야 할 부분이 생기더라도 물어볼 것이다. 그것이 진짜 관심이다. 우리는 성경에서 이와 같은 진정한 관심을 찾아볼 수 있다.

> "내가 밤낮 간구하는 가운데 쉬지 않고 너를 생각하여 청결한 양심으로 조상 적부터 섬겨 오는 하나님께 감사하고 네 눈물을 생각하여 너 보기를 원함은 내 기쁨이 가득하게 하려 함이니"(딤후 1:3, 4).
> "요셉이 그들의 안부를 물으며 이르되 너희 아버지 너희가 말하던 그 노인이 안녕하시냐 아직도 생존해 계시느냐"(창 43:27).
> "다윗이 이르되 사울의 집에 아직도 남은 사람이 있느냐 내가 요나단으로 말미암아 그 사람에게 은총을 베풀리라 하니라"(삼하 9:1).

 영국의 극작가 겸 소설가이자 사회주의 이론가인 조지 버나

드 쇼(George Bernard Shaw)는 자신의 희극 "악마의 제자"(The Devil's Disciple, 1898)에서 유명한 대사를 남겼다. "우리와 같은 피조물들이 범하는 가장 나쁜 죄는 미워하는 것이 아니라 바로 무관심한 것이다. 무관심이 가장 잔인하다."

지금 무엇에, 누구에게 관심이 있는가? 느헤미야처럼 과연 하나님의 성전에 관심을 두고 있는가? 교회의 형편과 교회에서 일어나는 일들, 또한 교회가 나아가야 할 방향에 대해 관심을 두고 있는가? 하나님의 성전에 관심을 가지라. 이것이 바로 여호와를 기뻐하는 것이다. 이런 자에게 하나님은 힘이 되신다.

예수님은 "또 내가 네게 이르노니 너는 베드로라 내가 이 반석 위에 내 교회를 세우리니 음부의 권세가 이기지 못하리라"(마 16:18)고 말씀하셨다. 또한 바울은 "나는 이제 너희를 위하여 받는 괴로움을 기뻐하고 그리스도의 남은 고난을 그의 몸 된 교회를 위하여 내 육체에 채우노라"(골 1:24)고 말했다. 이처럼 성경에 보면, 주님과 믿음의 성도들은 늘 교회를 그리워하며 깊은 관심을 표했다.

> "만군의 여호와여 주의 장막이 어찌 그리 사랑스러운지요 내 영혼이 여호와의 궁정을 사모하여 쇠약함이여 내 마음과 육체가 살아 계시는 하나님께 부르짖나이다 나의 왕, 나의 하나님, 만군의 여호와여 주의 제단에서 참새도 제 집을 얻고 제비도 새끼 둘 보금자리를 얻었나이다 주의 집에

사는 자들은 복이 있나니 그들이 항상 주를 찬송하리이다"(시 84:1-4).

진정으로 하나님을 기뻐하는 자라면, 우리 입에서도 시편 기자의 고백이 터져 나와야 할 것이다.

회개의 힘

이제 느헤미야는 예루살렘의 형편을 전해 듣는다. 그들은 "사로잡힘을 면하고 남아 있는 자들이 그 지방 거기에서 큰 환난을 당하고 능욕을 받으며 예루살렘 성은 허물어지고 성문들은 불탔다"(느 1:3)고 전했다. 그때 느헤미야의 반응은 어떠했는가? 그는 슬픔에 사로잡혀 눈물로 금식하고, 여러 날 동안 밤과 낮으로 기도했다. 그 기도의 내용을 살펴보자.

"이제 종이 주의 종들인 이스라엘 자손을 위하여 주야로 기도하오며 우리 이스라엘 자손이 주께 범죄한 죄들을 자복하오니 주는 귀를 기울이시며 눈을 여사 이 종의 기도를 들으시옵소서 나와 내 아버지의 집이 범죄하여 주를 향하여 크게 악을 행하여 주께서 주의 종 모세에게 명령하신 계명과 율례와 규례를 지키지 아니하였나이다"(느 1:6, 7).

느헤미야는 회개의 기도를 드리고 있다. "나와 내 아버지의 집이 범죄하여." 자신과 아버지의 집이 죄를 범해 예루살렘이 망하고 처참하게 되었다는 것이다. 자신의 책임이라고 고백한다. 생각해 보라. 예루살렘이 망한 것이 언제인가? 그 현장에 느헤미야가 있었는가? 과연 유다가 멸망한 책임이 느헤미야에게 있어 보이는가?

유다와 예루살렘은 B.C. 586년에 망했다. 그런데 느헤미야가 다시 고국으로 돌아온 때는 B.C. 444년이었다. 그러니까 140여 년이 지난 후다. 이렇게 볼 때 예루살렘이 멸망할 당시 느헤미야는 태어나지도 않았다. 태어나기는커녕 까마득한 옛날에 이미 예루살렘이 망했다. 그는 아마 바벨론에서 태어났을 터다. 그렇다면 예루살렘의 멸망에 대해 그 어떤 책임도, 죄의식도 가질 필요가 없다.

우리나라는 1910년 8월 29일, 일제의 침략으로 국권을 상실하고 일제의 식민지로 강제 편입되었었다. 경술국치(庚戌國恥), 일제병탄(日帝兵灘)이라고도 한다. 그때 나라를 지키지 못한 자들이 있었다. 더욱이 이완용같이 나라를 팔아먹은 자들도 있었다. 그런데 오늘날 그때 그 일을 내 잘못이라고 말하는 자가 있는가? 아무도 없다.

심지어 잘못을 저질렀으면서도 오히려 변명하거나 책임을 전가하는 일이 수없이 많다. 인간의 악한 본성이 그렇다. 아담은 자신의 잘못을 아내에게, 한 걸음 더 나아가 그 책임을 하나님께 떠넘겼다. 한편 아내는 뱀에게 책임을 전가했다. 이 본성은 변함없이 내려오고 있다.

아론은 금송아지를 만들고 나서 어떤 태도를 취했는가?

"그들이 내게 말하기를 우리를 위하여 우리를 인도할 신을 만들라 이 모세 곧 우리를 애굽 땅에서 인도하여 낸 사람은 어찌 되었는지 알 수 없노라 하기에 내가 그들에게 이르기를 금이 있는 자는 빼내라 한즉 그들이 그것을 내게로 가져왔기로 내가 불에 던졌더니 이 송아지가 나왔나이다"(출 32:23, 24).

사무엘을 기다리지 못하고 끝내 번제를 드린 사울은 또 어떤 태도를 취했는가?

"사무엘이 이르되 왕이 행하신 것이 무엇이냐 하니 사울이 이르되 백성은 내게서 흩어지고 당신은 정한 날 안에 오지 아니하고 블레셋 사람은 믹마스에 모였음을 내가 보았으므로 이에 내가 이르기를 블레셋 사람들이 나를 치러 길갈로 내려오겠거늘 내가 여호와께 은혜를 간구하지 못하였다 하고 부득이하여 번제를 드렸나이다 하니라"(삼상 13:11, 12).

그런데 느헤미야는 다르다. 그는 자신이 직접 저지르지도 않은 죄를 회개했다. "나와 내 아버지의 집이 범죄하였다"라고 회개한다. 그는 범죄 현장에 없었다. 그저 먼 조상 적 일이었다. 그런데 자신이 잘못했다고 고백한다. 바로 이런 모습이 여호와를 기뻐하는 자의 태도다. 하나님 앞에서 "내가 죄인입니다. 내 잘못입니다"라며 무릎 꿇는 것, 이런 태도를 하나님은 기뻐하신다.

왜 그렇겠는가? 진정으로 회개하는 사람은 하나님의 존재를 제대로 알기 때문이다.

> "보라 그의 눈에는 달이라도 빛을 발하지 못하고 별도 빛나지 못하거든 하물며 구더기 같은 사람, 벌레 같은 인생이랴"(욥 25:5, 6).
> "주께서 내가 앉고 일어섬을 아시고 멀리서도 나의 생각을 밝히 아시오며 나의 모든 길과 내가 눕는 것을 살펴보셨으므로 나의 모든 행위를 익히 아시오니 여호와여 내 혀의 말을 알지 못하시는 것이 하나도 없으시니이다"(시 139:2-4).

또한 진정으로 회개하는 사람은 다른 사람보다 자신의 허물을 먼저 볼 줄 안다.

> "어찌하여 형제의 눈 속에 있는 티는 보고 네 눈 속에 있는 들보는 깨닫지 못하느냐 보라 네 눈 속에 들보가 있는데 어찌하여 형제에게 말하기

를 나로 네 눈 속에 있는 티를 빼게 하라 하겠느냐"(마 7:3, 4).

마지막으로, 진정으로 회개하는 사람은 남을 판단하지 않는다. 오직 하나님께 판단을 맡긴다.

"형제들아 서로 비방하지 말라 형제를 비방하는 자나 형제를 판단하는 자는 곧 율법을 비방하고 율법을 판단하는 것이라 네가 만일 율법을 판단하면 율법의 준행자가 아니요 재판관이로다"(약 4:11).

하나님은 다윗을 향해 '내 마음에 합한 자'라고 하셨다. 그의 어떤 태도가 하나님의 마음에 들었는가? 그는 자신의 허물에 대해 엄격했다. 반면 다른 사람의 허물에 대해서는 눈을 감았다. 하나님께 모든 것을 맡기며 기다렸다.

"하나님이여 주의 인자를 따라 내게 은혜를 베푸시며 주의 많은 긍휼을 따라 내 죄악을 지워 주소서 나의 죄악을 말갛게 씻으시며 나의 죄를 깨끗이 제하소서 무릇 나는 내 죄과를 아오니 내 죄가 항상 내 앞에 있나이다"(시 51:1-3).

십자가의 예수님은 누구의 죄를 자신의 죄로 받아들이셨는가?

심지어 자신을 십자가에 못 박은 원수들을 향해 어떤 기도를 드리셨는가? 예수님은 우리 인간의 죄를 자신의 죄로 받아들이셨으며, 심지어 원수들을 용서해 달라고까지 기도하셨다.

여호와를 기뻐하는 것은 무엇인가? 회개하는 것이다. 느헤미야처럼 회개하는 것이다. 개인, 가정, 직장, 삶의 현장에서 어떤 일이 일어났을 때, 느헤미야의 마음을 가져야 한다. 이 마음이야말로 중심을 살피시는 하나님을 기뻐하는 것이다.

중보기도의 힘

느헤미야는 예루살렘의 소식을 듣고 지속적으로 무엇을 했는가? 기도했다. 기도하는 것이야말로 여호와를 기뻐하는 자의 태도다.

> "이르되 하늘의 하나님 여호와 크고 두려우신 하나님이여 주를 사랑하고 주의 계명을 지키는 자에게 언약을 지키시며 긍휼을 베푸시는 주여 간구하나이다 이제 종이 주의 종들인 이스라엘 자손을 위하여 주야로 기도하오며 우리 이스라엘 자손이 주께 범죄한 죄들을 자복하오니 주는 귀를 기울이시며 눈을 여시사 종의 기도를 들으시옵소서 나와 내 아버지의 집이 범죄하여"(느 1:5, 6).

기도는 하나님의 명령이다. 하나님은 "너는 내게 부르짖으라 내가 네게 응답하겠고 네가 알지 못하는 크고 은밀한 일을 네게 보이리라"(렘 33:3)고 말씀하셨다. 마태복음에는 기도하는 자에게 하신 하나님의 엄청난 약속들이 나온다.

> "구하라 그리하면 너희에게 주실 것이요 찾으라 그리하면 찾아낼 것이요 문을 두드리라 그리하면 너희에게 열릴 것이니 구하는 이마다 받을 것이요 찾는 이는 찾아낼 것이요 두드리는 이에게는 열릴 것이니라 너희 중에 누가 아들이 떡을 달라 하는데 돌을 주며 생선을 달라 하는데 뱀을 줄 사람이 있겠느냐 너희가 악한 자라도 좋은 것으로 자식에게 줄 줄 알거든 하물며 하늘에 계신 너희 아버지께서 구하는 자에게 좋은 것으로 주시지 않겠느냐"(마 7:7-11).

자신을 악한 아비에 비유하시면서 꼭 이루어 주시겠다고 약속하신다. 그러니 기도하는 것이야말로 여호와를 기뻐하는 것이 아닐 수 없다.

그렇다고 어떤 기도든지 다 '여호와를 기뻐하는 것'은 아니다. 느헤미야의 기도를 잘 살펴보라. 그의 기도는 눈물, 슬픔, 금식의 기도였다. 밤과 낮으로 드리는 기도였다. 성경에 보면 이와 비슷해 보이는 기도가 자주 등장한다.

"한나가 대답하여 이르되 내 주여 그렇지 아니하니이다 나는 마음이 슬픈 여자라 포도주나 독주를 마신 것이 아니요 여호와 앞에 내 심정을 통한 것뿐이오니"(삼상 1:15).

"니느웨 사람들이 하나님을 믿고 금식을 선포하고 높고 낮은 자를 막론하고 굵은 베 옷을 입은지라"(욘 3:5).

그런데 자세히 보면, 느헤미야의 기도, 즉 눈물, 슬픔, 금식의 기도는 색깔이 좀 다르다. 우선 그는 지금 어떤 환경에 처해 있는가? 모든 것이 만족스럽다. 눈물, 슬픔, 금식이 필요 없는 최상의 환경에서 하루하루 살고 있다. 이런 상황에 놓이면 자연히 눈물이 메말라 간다. 눈물 흘릴 아픔이 없기 때문이다. 하지만 그에게는 눈물, 슬픔, 금식이 있었다.

무엇보다 그의 직책이 이런 기도를 용납하지 않는다. 그는 왕의 술 맡은 관원장이었다. 왕은 음식을 먹기 전에 무엇보다 먼저 술 맡은 관원장의 안색을 살핀다. 만일 독약을 넣었거나 하면 안색이 변하기 때문이다.

"아닥사스다 왕 제 이십 년 니산 월에 왕 앞에 포도주가 있기로 내가 그 포도주를 왕에게 드렸는데 이전에는 내가 왕 앞에서 수심이 없었더니 왕이 내게 이르시되 네가 병이 없거늘 어찌하여 얼굴에 수심이 있느냐

이는 필연 네 마음에 근심이 있음이로다 하더라 그때에 내가 크게 두려워하여"(느 2:1, 2).

느헤미야의 직책은 자칫하면 실직하고, 목이 날아갈 위험이 있는 자리였다. 그럼에도 불구하고 그는 눈물로 금식하며 기도했다. 그 높은 자리에 미련을 두지 않고 기도했다. 이런 기도야말로 여호와를 기쁘하는 것이다.

또한 느헤미야의 기도는 자신이 안고 있는 문제 때문에 부르짖는 기도가 아니었다. 자신이 하나님 앞에 잘못했을 때는 당연히 기도해야 한다. 다윗이 대표적이다(시 51편). 그런데 느헤미야는 다른 사람을 놓고 기도했다. 그는 예루살렘 성의 소식을 들었다. 그곳에 남아 있는 자들이 큰 환난과 능욕을 받고 있다는 소식이었다. 예루살렘 성은 허물어졌고 성문들까지 불탔다고 했다. 그러자 그는 저 멀리 있는, 얼굴도 성도 모르는 사람들을 위해 기도했다. 그들의 어려움을 자기의 어려움으로 여기고 간절히 기도했다.

예레미야도 이와 마찬가지로 기도했다.

"어찌하면 내 머리는 물이 되고 내 눈은 눈물 근원이 될꼬 죽임을 당한 딸 내 백성을 위하여 주야로 울리로다"(렘 9:1).

"내 눈이 눈물에 상하며 내 창자가 끊어지며 내 간이 땅에 쏟아졌으니

> 이는 딸 내 백성이 패망하여 어린 자녀와 젖 먹는 아이들이 성읍 길거리에 기절함이로다"(애 2:11).

이런 중보기도야말로 우리가 잊지 말아야 할 것이다. 이것이 여호와를 기뻐하는 것이다.

마지막으로 느헤미야의 기도는 약속의 말씀을 붙잡고 드리는 기도였다.

> "옛적에 주께서 주의 종 모세에게 명령하여 이르시되 만일 너희가 범죄하면 내가 너희를 여러 나라 가운데에 흩을 것이요 만일 내게로 돌아와 내 계명을 지켜 행하면 너희 쫓긴 자가 하늘 끝에 있을지라도 내가 거기서부터 그들을 모아 내 이름을 두려고 택한 곳에 돌아오게 하리라 하신 말씀을 이제 청하건대 기억하옵소서"(느 1:8, 9).

> "모세가 여호와께 아뢰되 보시옵소서 주께서 내게 이 백성을 인도하여 올라가라 하시면서 나와 함께 보낼 자를 내게 지시하지 아니하시나이다 주께서 전에 말씀하시기를 나는 이름으로도 너를 알고 너도 내 앞에 은총을 입었다 하셨사온즉"(출 33:12).

기도는 '여호와를 기뻐하는 것'이다. 그러기에 기도하면 여호와가 힘이 되신다. 느헤미야는 절박한 상황이 아니었음에도 불구하고 기도했다. 중보기도에 생명을 걸었다. 하나님이 주신 약속의 말씀을 붙잡고 기도했다. 하나님은 이런 자를 찾으신다. 이렇게 기도하는 자에게 하나님은 힘이 되신다. 그런 자야말로 하나님을 기뻐하는 자이기 때문이다.

생각해 보라. 지금 자신의 기도는 어떤가? 자신과 느헤미야가 드리는 기도의 차이점은 무엇인가? 자기의 유익과 안전만을 위해 기도하고 있다면 더 나아가라. 눈을 들어 각지에 흩어져 있는 주의 백성들을 보라. 또한 주의 이름을 알지도 또 듣지도 못한 이들에게까지 나아가길 바란다.

눈먼 계산법으로 세상을 보다

느헤미야 1장 11절을 보면 '형통', '은혜'라는 단어가 등장한다.

"주여 구하오니 귀를 기울이사 종의 기도와 주의 이름을 경외하기를 기뻐하는 종들의 기도를 들으시고 오늘 종이 형통하여 이 사람들 앞에서 은혜를 입게 하옵소서 하였나니 그때에 내가 왕의 술 관원이 되었느니라"(느 1:11).

여기서 '형통', '은혜'의 뜻은 무엇인가? 잘 풀리는 것, 복을 받는 것을 의미한다. 그런데 느헤미야는 지금 어떤 소원을 가지고 있는가? 그에게 어떤 일이 일어나는 것이 형통이요, 은혜인가?

그는 예루살렘으로 가기를 원한다. 그곳은 지금 형편이 좋지 않다. 그곳에 남아 있는 자들이라곤, 사실 힘없고 일할 수 없는 자들뿐이다. 이미 노동을 할만한 사람은 죄다 노예로 끌려간 형편이다. 그곳에는 늙은이, 부녀자, 장애자, 어린아이들만 남아 있을 뿐이다. 더군다나 그곳 사람들은 큰 환난과 능욕을 받고 있다. 성은 허물어졌고, 성문은 불탔다. 이제 소망이 없어 보인다. 그런데 느헤미야는 그곳으로 가기를 원했다. 그곳에서 그들과 함께하길 원했다. 그곳에 가는 길이 그에게는 '형통'이요, '은혜'였다.

인간적인 기준에서 보면, 너무 바보 같은 일이다. 도무지 계산이 없다. 지금 느헤미야는 수산 궁에 머물고 있다. 그곳에서 '술 맡은 관원장'이라는 자리에 앉아 있다. 권력과 부를 충분히 누릴 만한 자리다. 그런데 그곳을 떠나 예루살렘으로 가는 것이 은혜요, 형통이란다. 느헤미야는 그곳에 가서 그곳 사람들과 함께하는 것이 곧 형통이요, 은혜라고 확신했다. 왜냐하면 그것이 곧 '여호와를 기뻐하는 것'이기 때문이다.

왜 이런 곳에 가는 것이 여호와를 기뻐하는 것인가? 왜 이런 사람들과 함께하는 것이 여호와를 기뻐하는 것인가? 이유는 간단하다. 아버지 하나님의 마음과 눈이 언제나 그곳을 향해 있기 때문이다.

"그는 근본 하나님의 본체시나 하나님과 동등됨을 취할 것으로 여기지 아니하시고 오히려 자기를 비워 종의 형체를 가지사 사람들과 같이 되셨고 사람의 모양으로 나타나사 자기를 낮추시고 죽기까지 복종하셨으니 곧 십자가에 죽으심이라"(빌 2:6-8).

낮고 천한 이 땅에 오신 주님은 어디로 가셨으며, 누구를 만났고, 어디에 관심을 보이셨는가? 이 땅 중에서도 더 낮은 곳, 더 낮은 사람을 찾아다니셨다. 세리와 죄인의 집에 머무셨고, 이들을 찾아 나섰다. 이들에게 눈을 두셨다.

"이에 일어나서 아버지께로 돌아가니라 아직도 거리가 먼데 아버지가 그를 보고 측은히 여겨 달려가 목을 안고 입을 맞추니 아들이 이르되 아버지 내가 하늘과 아버지께 죄를 지었사오니 지금부터는 아버지의 아들이라 일컬음을 감당하지 못하겠나이다 하나"(눅 15:20, 21).
"가까이 가서 기름과 포도주를 그 상처에 붓고 싸매고 자기 짐승에 태워 주막으로 데리고 가서 돌보아 주니라"(눅 10:34).
"또 이 우리에 들지 아니한 다른 양들이 내게 있어 내가 인도하여야 할 터이니 그들도 내 음성을 듣고 한 무리가 되어 한 목자에게 있으리라"(요 10:16).

우리는 여러 성경 말씀을 통해 주님의 마음과 눈, 그리고 발걸음이 어디로 향하셨는지를 알 수 있다. 주님은 언제나 더 낮은 곳, 더 낮은 사람을 향하셨다. 여기서 멈추지 않고, 최후에는 그 약한 자들을 위해 자신의 목숨까지도 기꺼이 내어 놓으셨다.

"의인을 위하여 죽는 자가 쉽지 않고 선인을 위하여 용감히 죽는 자가 혹 있거니와 우리가 아직 죄인 되었을 때에 그리스도께서 우리를 위하여 죽으심으로 하나님께서 우리에 대한 자기의 사랑을 확증하셨느니라"(롬 5:7, 8).

그 주님이 오늘날 우리에게 도전하신다. 결단을 요구하신다.

"너희 생각에는 어떠하냐 만일 어떤 사람이 양 백 마리가 있는데 그 중의 하나가 길을 잃었으면 그 아흔아홉 마리를 산에 두고 가서 길 잃은 양을 찾지 않겠느냐 진실로 너희에게 이르노니 만일 찾으면 길을 잃지 아니한 아흔아홉 마리보다 이것을 더 기뻐하리라"(마 18:12, 13).

여기서 "너희 생각에는 어떠하냐"는 말씀은 "너희는 어떤 계산을 하느냐"는 도전이다. "아흔아홉이냐, 하나냐?" "넓은 길이냐, 좁은 길이냐?" 이렇게 물으시는 것이다.

주님은 '아흔아홉 마리'와 '한 마리'를 두고 한 치의 망설임 없이 '한 마리'를 택하셨다. 아흔아홉 마리를 그냥 "산에 두고" 잃어버린 양을 찾아 나섰다. 더욱이 이로 인해 "더 기뻐하리라"고 말씀하신다.

주님의 선택은 즉흥적이거나 감정적이지 않다. 주님은 아흔아홉 마리를 산이면 산, 들이면 들에 두고 오직 한 마리를 찾아 나선다. 한 마리와 아흔아홉 마리 사이에서 주저함 없이 하나를 택하신다. 그리고 그 양을 찾은 즉시 여러 사람들을 불러 모아 잔치를 벌인다. 살진 송아지를 잡는다(눅 15:23). 보잘것없는 양 한 마리를 찾았다고 그보다 수배나 값나가는 송아지를 잡아, 온 동네잔치를 벌인다. 도무지 계산이 없는 분이다.

그래서인지 '도마복음'이라는 위경에서는 "무리 중 제일 큰 한 마리가 길을 잃었으니 목자는 아흔아홉 마리 양을 놓아 두고 그 한 마리를 찾으러 나가 그것을 찾았더라 나는 아흔아홉 마리보다 너를 더 귀히 여기노라" 하여 내용을 살짝 바꾸어 놓기까지 했다. 또한 고대 교부로부터 현대에 이르는 주석가들조차도 나머지 아흔아홉 마리 양은 다른 목자의 손에 맡겨 두었거나 혹은 가까이 있는 동굴에 안전하게 두고 갔을 것이라는 식의 해석을 내놓는다.

하지만 주님은 단호하다. "그 아흔아홉 마리를 산에 두고"(마 18:12). "아흔아홉 마리를 들에 두고"(눅 15:4). 아흔아홉과 하나, 어느 것이 큰가? 주님의 셈법으로는 하나가 크다. 강한 자와 작은 자 중 누가 더 소중한가? 주님의 셈법으로는 작은 자가 더 소중하다. 어른과 어린아이 중 누가 더 큰가? 주님의 셈법으로는 어린아이가 더 크다. 따라서 이 말씀은 거대한 우상을 깨뜨린 '뜨인 돌'과 같다(단 2:45). 육중한 골리앗을 쓰러뜨린 '다윗의 물맷돌'과도 같다(삼상 17:49). 파격적이며 혁명적이기까지 하다.

우리 시대는 너나 할 것 없이 '아흔아홉'을 더 중요시하는 가치관에 물들어 있다. 세상은 크고 많은, 넓고 높은, 그래서 힘이 있는 그것에만 관심을 기울인다. 반면 작고 적은, 좁고 낮은, 그래서 연약한 것들은 쓸모 없는 존재로 여긴다. 맘모니즘(Mammonism), 신자유주의(Neoliberalism), 성공 지상주의가 우상이 되어 버렸다.

그런데 주님은 아니라고 단호히 말씀하신다. "작은 자를 택하라. 작은 자에게 관심을 가지라. 약한 자에게 다가가라." 그것이 힘이라고 하신다. 왜 그것이 힘이 되는가? 이유 또한 간단하다. 마태복음 25장에 보면 예수님은 오른편에 있는 양들에게 말씀하셨다.

"내 아버지께 복 받을 자들이여 나아와 창세로부터 너희를 위하여 예비된 나라를 상속받으라 내가 주릴 때에 너희가 먹을 것을 주었고 목마를 때에 마시게 하였고 나그네 되었을 때에 영접하였고 헐벗었을 때에 옷을 입혔고 병들었을 때에 돌보았고 옥에 갇혔을 때에 와서 보았느니라"(마 25:34-36).

그러자 양들이 이구동성으로 묻는다. "주님이 언제 그런 모습으로 우리 앞에 나타나셨습니까? 우리는 주님을 그렇게 대한 적이 없습니다." 그러자 주님이 뭐라 말씀하시는가?

"임금이 대답하여 이르시되 내가 진실로 너희에게 이르노니 너희가 여기 내 형제 중에 지극히 작은 자 하나에게 한 것이 곧 내게 한 것이니라"(마 25:40).

우리는 이 말씀을 통해 '작은 자'가 과연 누구인지를 알 수 있다. 작은 자는 바로 주님 자신이다. 강도를 만나 길가에 쓰러진 채 피를 흘리고 있는 자는 바로 예수님 자신이다. 그러기에 작은 자와 함께하기를 원하는 것, 바로 이것이 여호와를 기뻐하는 것이다. 그런 사람에게 여호와는 힘이 되신다.

그리스도 예수의 마음을 품다

자기를 돌아보라. 나는 어떤가? 내 곁에 있는 작은 자들을 어떻게 대하는가? 굶주림에 허덕이는 자, 마시지 못해 목말라하는 자, 길 잃고 방황하는 나그네, 헐벗은 자, 병들어 지친 자, 감옥에 갇힌 자, 한마디로 힘없고 약한 자 그래서 누군가의 도움이 간절히 필요한 자들을 어떻게 대하고 있는가? 세상 사람들이 아무 쓸모 없고, 도움도 전혀 되지 않는다며 차갑게 외면하는, 더욱이 손가락질하며, 발로 짓눌러 버리고, 침 뱉으며, 무시하는 그런 자를 어떻게 대하고 있는가?

여호와를 기뻐하는 것의 마지막은 바로 이것이다. 낮은 자들과 함께하기를 원하는 것, 원하는 정도가 아니라 함께하기 위해 행동하는 것, 그것을 은혜요, 축복이라고 여기는 것이야말로 여호와를 기뻐하는 것이다. 주님이 곧 약한 자들이기 때문이다.

"너희 안에 이 마음을 품으라 곧 그리스도 예수의 마음이니"(빌 2:5).

말씀과 교회, 회개와 중보기도, 약한 자와 함께하는 그 모습 위에 하나님 아버지의 마음이 향한다. 그곳에 아버지의 눈물이 고인다. 아버지의 두 눈이 그 영혼을 바라본다. 그곳을 바라보며 한없이 울고 계신다. '여호와를 기뻐하는 것'이란 바로 이런 태도를 가지는 것이다.

유은성 씨가 부른 "하나님 아버지의 마음"(2003)이라는 찬양의 가사를 곱씹어 보라. 이 찬양 가사가 우리의 신앙고백이 되어야 할 것이다.

"아버지 당신의 마음이 있는 곳에 나의 마음이 있기를 원해요. 아버지 당신의 눈물이 고인 곳에 나의 눈물이 고이길 원해요. 아버지 당신이 바라보는 영혼에게 나의 두 눈이 향하길 원해요. 아버지 당신이 울고 있는 어두운 땅에 나의 두 발이 향하길 원해요. 나의 마음이 아버지의 마음 알아 내 모든 뜻 아버지의 뜻이 될 수 있기를 나의 온몸이 아버지의 마음 알아 내 모든 삶, 당신의 삶 되기를."

주님의 계산법은 눈먼 계산법이다. 그러나 이 눈먼 계산이 있었기에 오늘날 내가 이 자리에 있는 것이다.

한 여류 화가가 남편에게 '눈이 먼 사랑'을 고백받았다. 이 화가는 어릴 때부터 이상하게도 눈썹이 없어 친구들 사이에서 놀림감이 되었다. 그래서 언제나 눈썹을 진하게 그리고 다녔다. 결혼한 뒤에도 남편에게 이 사실을 숨기고 싶어, 항상 눈썹을 그린 모습만 보여 주었다. 그렇게 20년을 함께 지내오던 어느 날, 남편과 등산을 다녀왔는데, 너무 피곤해서 그냥 침대에 누워 버렸다. 그러자 남편이 따뜻한 물수건을 들고 와서는 얼굴을 닦아 주겠다고 하는 것이 아닌가? 20년 동안 꽁꽁 숨겨 왔던 비밀이 탄로나기 직전이었다. '안 된다, 괜찮다'고 해도 남편은 아내의 얼굴을 닦아 주었다. 그 순간 아내는 엉엉 울고 말았다. 그런데 잠시 후, 남편이 한 손으로는 자신의 눈을 가리고, 다른 한 손으로는 아내 얼굴을 닦고 있는 것이 아닌가? 그러면서 말했다.

"여보! 난 처음부터 당신의 눈썹이 없는 것을 알고 있었소. 나의 사랑은 당신이지, 눈썹이 아니오!"

남편은 오래 전부터 알고 있었다. 하지만 아내가 속상해할까 봐, 모른 체했던 것이다. 그리고 그 순간에도 자존심이 상할까 봐 자신의 눈을 가렸던 것이다. 여류 화가는 남편의 사랑에 감격해서 더 크게 울었다고 한다. 이런 사랑을 한마디로 '눈감은 사랑'이라고 하지 않겠는가?

우리를 향한 주님의 사랑은 어떤 사랑인가? 주님의 사랑은 단순히 눈감은 사랑 정도가 아니라 눈먼 사랑이다. 천지의 주재이신 하나님의 외아들인 그분이 하늘 영광을 다 버리고 낮고 천한 이 땅에 오셨다. 그리고 우리 같은, 이사야 선지자의 표현을 빌리자면 "발바닥에서 머리까지 성한 곳이 없이 상한 것과 터진 것과 새로 맞은 흔적뿐"(사 1:6)인 우리를 신부로 삼으셨다. 우리 각자가 가진 약점은 '눈썹이 없는 정도'가 아니다. 그런 우리를 신부로 기꺼이 맞아 주셨으니 어찌 그 사랑을 '눈먼 사랑'이라고 하지 않을 수 있겠는가?

오늘날 우리는 주님의 눈먼 사랑, 눈먼 계산을 기억해야 한다. 그리고 그런 주님의 눈으로 세상을 바라봐야 한다. 세상에는 두 종류의 작은 자가 있다.

하나는 세상적으로 작은 자다. 강도 만난 자를 만나면 제사장과 레위인처럼 애써 외면하지 말아야 한다. 이들을 '아흔아홉'보다 더 소중히 여겨야 한다. 돌보아야 할 이웃, 병든 자, 외로운 독거노인, 가난한 외국인 노동자, 주리고 억눌린 북한 형제, 이 모든 사람이 작은 자이다. 이들을 찾아가야 한다.

오늘날 교회가 세상에서 힘을 잃고 있는 이유 중 하나가 작은 자들을 외면하기 때문이다. 다행히 최근 의식 있는 중견 목회자들이 발 벗고 나서고 있다. 그야말로 '빛과 소금'이 되어, 우는 자들과 함께 울고, 기뻐하는 자들과 함께 기뻐하는 '세상 속으로'의 그리스도인이 되기 위해 발버둥치고 있다.

다른 하나는 영적으로 작은 자다. 아직 예수 그리스도를 구주로 영접하지 않은 사람은 그 누구를 막론하고 '길 잃은 작은 자', '작은 자 중의 작은 자'라는 사실을 기억해야 한다. '아흔아홉'을 산에 두고 그 '한 명'을 찾아 나서야 한다. 길 되신 예수 그리스도를 잃어

버린 자들을 모른 체하면 안 된다. 이들을 찾아 나서야 한다. 이 사명을 피하려고만 한다면 성도의 본질적인 사명을 잊어버린 것이다.

세상적으로 작은 자에게, 나아가 영적으로 작은 자, 곧 '작은 자 중의 작은 자'에게 끊임없이 관심을 가지라. '내게 있는 것'(행 3:6)을 가지고 찾아가라. 주님은 이런 자를 진정으로 기뻐하신다. 바로 이것이 여호와를 기뻐하는 길이다. 여호와를 기뻐하는 자에게 여호와는 힘이 되실 것이다.

2장
일상의 은혜 속에서 힘을 찾으라

느헤미야 2:1-10

 우리는 힘이 지배하는 냉엄한 사회에 살고 있다. 힘이 있으면 지배하고 살아남는다. 하지만 힘이 없으면 짓밟히고 망하며 흔적도 없이 사라진다. 역사가 이를 증명한다. 부모와 자식, 부부, 형제간에도 마찬가지다. 그래서 모두들 힘을 얻기 위해 안간힘을 쓴다.

오늘날 사람들은 무엇을 '힘'(力)이라고 생각하는가? '돈', '명예', '학벌', '인맥', '외모' 등 이 다섯 가지를 힘이라고 생각한다. 예수님을 믿는 우리 역시 별반 다르지 않다. 그래서 사람들은 이러한 것들을 얻기 위해 애쓴다. 또 기도한다.

한 가지 우스운 이야기를 하겠다. 한 청년이 있었다. 새해를 맞이해 여러 가지 기도 제목을 놓고 간절히 기도했다. 그랬더니 하나님이 나타나셔서 "너무 많으니 그중에 딱 한 가지만 요구해라. 내가 들어주마"라고 하셨다. 청년은 고민이 되었다. '뭘 구할까?' 추리고 또 추려 두 가지가 남았다. '돈'과 '여자'였다. '이 중에 뭘 구할까?' 둘 다 너무 중요했다. 그래서 두 가지를 빨리 말하면 하나님이 못 알아들으실 것 같아 재빨리 외쳤다. "돈 여자!" 하나님은 정확히 알아들으셨다. 그래서 정말 '돈' 여자, 즉 정신나간 여자를 주셨다. 감춰진 인간 속내를 비꼬는 예화다.

과연 무엇이 힘인가? 무엇을 힘이라고 생각하는가? 돈, 명예, 학벌, 인맥, 외모? 느헤미야는 단호하게 말한다. "여호와를 기뻐하는 것, 그것이 힘이다."

'여호와를 기뻐하는 것'이란 도대체 어떤 것인가? 1장에서 살펴본 내용을 정리하면 다음의 다섯 가지로 요약할 수 있다.

첫째, 무엇보다 먼저 말씀을 기뻐하는 것이다. 즉 청종, 순종하는 것이다(신 28장). 말씀이 곧 하나님이기 때문이다(요 1:1).

둘째, 하나님의 성전을 사모하는 것이다. 즉 관심을 갖는 것이다(시 84편). 하나님은 성전에 그 이름을 두시고, 밤낮으로 그곳을 바라보신다(왕상 8:29).

셋째, 진정으로 회개하는 것이다. 즉 '내 죄 때문이다. 내가 잘못했다'는 자세다. 느헤미야는 '140년'이라는, 아득한 시간을 헤아리며 나라가 망한 것이 자신의 죄 때문이라고 자복했다(느 1:6).

넷째, 진심으로 기도하는 것이다. 느헤미야는 편안한 환경이었음에도 불구하고 눈물로 금식하며 하나님께 나아갔다.

다섯째, 약한 자들과 함께하는 것이다(마 25:40). 이것이 여호와를 기뻐하는 것이다.

더불어 사는 삶, 아름다운 의무

다섯 번째 부분을 좀 더 깊이 살펴보자. 느헤미야는 지금 어디에 머물고 있는가? 수산 궁에 있다(느 1:1). 당시 수산 궁은 어떤 곳인가? 막강했던 바벨론을 단숨에 함락시킨 페르시아 왕의 특별 궁, 곧 별장 왕궁이다. 왕이 소유한 여러 별장 중 제일 좋은 환경에 지어진 어마어마하고 화려한 궁이다. 그곳에서 느헤미야는 왕의 술을 맡은 관원이었다(느 1:11). 매일 왕께 올리는 각양각색의 진귀한 술인 포도주를 왕보다 먼저 시식하는 위치에 있었다. 그야말로 왕과 다를 바 없는 하루하루를 보냈을 터다. 무엇이 부러웠겠는가? 더는 무엇이 아쉬웠겠는가?

이 수산 궁에 비하면 유대 예루살렘은 어떠했는가?

"그들이 내게 이르되 사로잡힘을 면하고 남아 있는 자들이 그 지방 거기에서 큰 환난을 당하고 능욕을 받으며 예루살렘 성은 허물어지고 성문들은 불탔다 하는지라"(느 1:3).

　　남유다가 망했고(B.C. 586), 유다의 젊은이들이 포로로 끌려갔다. 일부는 수도 바벨론으로, 다른 일부는 북쪽 님플(Nimple)을 중심으로 한 황량한 광야로 끌려갔다. 당시 느부갓네살 왕이 님플에 포로들을 동원하여 유프라테스 강과 티그리스 강을 잇는 대운하 사업인 '그발(Gebal) 프로젝트'를 진행하고 있었기 때문이다(겔 1:1-3). 게다가 끌고 갈 수 있는 사람은 다 끌고 갔다. 이런 상황 속에 "사로잡힘을 면하고" 남유다 땅에 남아 있는 자들은 어떤 사람이었는가? 나이 많은 늙은이들, 환자들, 장애자들, 그리고 부녀자들과 어린아이들뿐이었다. 바벨론의 눈으로 볼 때 포로로 끌고 가 봐야 별 쓸모 없다고 생각되는 자들만 남은 것이다. 그들이 바로 "사로잡힘을 면하고 남아 있는 자들"(느 1:3)이다. 더욱이 성은 짓밟혀 무너졌고, 성문들은 불탔다. 황폐하게 버려진 채로 무려 140년이란 세월이 흘렀다.

　　당시 예루살렘을 어디에 비유하면 적절할까? 최근 한 여성이 돼지우리에서 돼지 두 마리와 104시간 동안 생활한 것이 화제가 되고 있다. 이 여성은 유리벽 안에 설치된 돼지우리 안에서 돼지 두 마리와 함께 누드 상태로 있었다. 돼지와 똑같이 알몸으로, 돼지가 먹는 귀리, 풀, 곡물, 쥐엄 열매(눅 15:16) 등을 먹으면서 말이다. 화제의 주인공은 사진작가 겸 행위 예술가로 알려진 김미루 씨다. 도올 김용옥 교수의 딸이어서 더 화제가 되는 것 같다. 이는 김미루 씨가 2011년 12월 미국 플로리다(Florida) 주 마이애미(Miami)의 바젤 아트 페어(Basel Art Fair)에서 펼친 퍼포먼스로 작품명은 "나는 돼지를 좋아하고 돼지는 나를 좋아한다"(I Like Pigs and Pigs Like Me)이다.

김미루 씨는 취재 기자에게 이렇게 말했다. "알몸으로 생활하다 보니 돼지와 인간의 경계가 상당히 모호해진다 싶은 적도 있어요. 하지만 우리 안을 계속 치우는 저와 달리 계속해서 거기에 물을 엎지르는 돼지를 보니 문득 '나는 인간이고, 돼지는 돼지구나!' 하는 기분이 들었죠." 결국 그녀는 104시간 만에 돼지우리를 박차고 나왔다.

망하고 황폐해진 예루살렘을 이 돼지우리에 비교하면 무리일까? 아니다. 느헤미야가 지금 머물고 있는 수산 궁과 비교하면 예루살렘은 돼지우리와 같은 곳이다. 그런데 느헤미야는 그곳으로 가서, 그곳에 '남아 있는 자들'과 함께하겠다는 것이다. 그는 이렇게까지 생각했다.

"주여 구하오니 귀를 기울이사 종의 기도와 주의 이름을 경외하기를 기뻐하는 종들의 기도를 들으시고 오늘 종이 형통하여 이 사람들 앞에서 은혜를 입게 하옵소서 하였나니 그때에 내가 왕의 술 관원이 되었느니라"(느 1:11).

여기서 놓치지 말아야 할 것은 '형통', '은혜'라는 단어다. 느헤미야는 예루살렘으로 가서 그곳 사람들과 함께하는 것이 오히려 형통이라 말한다. 은혜 곧 복이란다. 도대체 이게 말이 되는 이야기인가? 하지만 그는 그게 형통이요, 은혜요, 복이라고 힘주어 말한다. 왜인가? "약한 자, 고난 중에 있는 자들과 함께하는 것이 곧 여호와를 기뻐하는 것"이라는 사실을 알았기 때문이다.

> "임금이 대답하여 이르시되 내가 진실로 너희에게 이르노니 너희가 여기 내 형제 중에 지극히 작은 자 하나에게 한 것이 곧 내게 한 것이니라 하시고"(마 25:40).

주님은 자신을 작은 자(小子), 즉 약한 자와 일치시킨다. 그러므로 약한 자와 함께하는 것은 주님과 함께하는 것이요, 주님을 기뻐하는 것이다. 여호와가 진정 힘이 되기를 원하는가? 그러면 약한 자, 병든 자, 갇힌 자, 헐벗은 자, 나그네 된 자, 고난 중에 있는 자들에게 다가가라. 그들과 함께하라. 그런 자에게 여호와께서 친히 힘이 되실 것이다.

하나님의 힘으로 갈아타기

지금 어떤 길을 걷고 있는지 돌아보라. 돈과 명예, 인기나 학벌, 외모만을 추구하며 살고 있지 않은가? 당장은 대단해 보일지 몰라도 언젠가는 모두 사라져 없어질 것들이다. 더 늦기 전, 이 길에서 다른 길로 과감히 바꿔 타야 한다. 즉 말씀과 교회, 회개, 중보기도, 약한 자와 함께하는 길로 바꿔 타야 한다. 그것이 바로 여호와를 기뻐하는 것이다.

눈을 돌려보라. 여호와를 기뻐하는 것이 처음에는 무척 시시하고 약해 보일 수 있다. 그러나 결코 그렇지 않다. 여호와를 기뻐하면 그의 삶은 점점 강해진다. 여호와의 힘에 의지해서 살기 때문이다. 성경은 하나님을 독수리로 묘사하고 있는데, 그 길을 걷는 자는 새끼 독수리와 같다(출 19:4; 신 32:11).

지금이라도 늦지 않았다. 지금까지 힘이라고 생각했던, 세상 사람들이 힘이라고 치켜 세우며 의지하고 기대했던 그 등에서 내려와 하나님의 등에 업혀 새로운 삶을 살라. 이 때, 새 힘을 얻을 것이다.

"오직 여호와를 앙망하는 자는 새 힘을 얻으리니 독수리가 날개치며 올라감 같을 것이요 달음박질하여도 곤비하지 아니하겠고 걸어가도 피곤하지 아니하리로다"(사 40:31).

"또 여호와를 기뻐하라 그가 네 마음의 소원을 네게 이루어 주시리로다 네 길을 여호와께 맡기라 그를 의지하면 그가 이루시고 네 의를 빛같이 나타내시며 네 공의를 정오의 빛같이 하시리로다"(시 37:4-6).

도우시는 하나님의 선한 손

그렇다면 여호와를 기뻐하는 자에게 하나님이 어떻게 역사하시는가? 하나님은 구체적으로 어떻게 힘이 되시는가? 이것이 이번 장에서 우리가 풀어야 할 숙제다.

느헤미야 1장에는 하나님을 기뻐하는 느헤미야의 모습이 다섯 가지로 묘사된다. 이어지는 2장은 여호와를 기뻐하는 자에게 하나님이 어떻게 역사하시며 힘을 주시는지 구체적으로 보여 준다. 느헤미야 2장에서 놓치지 말아야 할 단어가 있다. 바로 '하나님의 선한 손'이다.

"또 왕의 삼림 감독 아삽에게 조서를 내리사 그가 성전에 속한 영문의 문과 성곽과 내가 들어갈 집을 위하여 들보로 쓸 재목을 내게 주게 하옵소서 하매 내 하나님의 선한 손이 나를 도우시므로 왕이 허락하고"(느 2:8).

"또 그들에게 하나님의 선한 손이 나를 도우신 일과 왕이 내게 이른 말씀을 전하였더니 그들의 말이 일어나 건축하자 하고 모두 힘을 내어 이 선한 일을 하려 하매"(느 2:18).

느헤미야는 지금 확실하게 '하나님의 선한 손'을 감지하고 있다. 하나님이 어떻게 역사하시는지를, 즉 하나님이 직접 어떻게 일하시는지를 보고 있다는 말이다. 하나님의 선하신 손길이 그에게 어떻게 나타났는가? 어떤 방법으로 역사했는가? 느헤미야 2장은 이렇게 시작한다.

"아닥사스다 왕 제 이십 년 니산 월에 왕 앞에 포도주가 있기로 내가 그 포도주를 왕에게 드렸는데 이전에는 내가 왕 앞에서 수심이 없었더니"(느 2:1).

그날은 아닥사스다 왕이 다스린 지 20년이 지난 어느 날이었다. 더 정확히 말하면 B.C. 444년 3월, 어느 날이었다. 여느 날과 똑같은 날이었다. 그날, 느헤미야는 평소와 똑같이 아침 일찍 일어나 하루 일과를 시작했다. 정성스럽게 음식을 장만하고, 왕에게 올릴 술을 점검하고, 왕께서 음식을 드실 때는 곁에서 시중들며 말동무가 되어 드렸다. 국사에 대해 이런저런 의견을 물어 오면 대답하고,

바깥세상 동정도 알려 드렸을 것이다. 늘 해 오던 일을 그날도 똑같이 하고 있었던 것이다.

그런데 그날따라 왕이 이렇게 묻는 것이 아닌가?

"왕이 내게 이르시되 네가 병이 없거늘 어찌하여 얼굴에 수심이 있느냐 이는 필연 네 마음에 근심이 있음이로다 하더라 그때에 내가 크게 두려워하여"(느 2:2).

왕이 친근하게 이렇게 묻는 것이다. "자네, 무슨 병이 있나? 아니면 무슨 걱정거리라도 있나? 안색이 무척 좋지 않군. 건강 좀 챙기게. 사람이 건강해야지. 건강이 제일이라네." 어찌 보면 있을 수 있는 일이다. 그런데 느헤미야는 이 순간을 놓치지 않았다. 바로 그때 "하늘의 하나님께 묵도하고"(느 2:4) 입을 열었다. 그는 용기를 내어 왕께 세 가지 부탁을 한다.

첫째, "유다 땅으로 나를 보내어 예루살렘 성을 다시 세우게 하소서"(느 2:5).
둘째, "강 서편 총독들에게 조서를 내려 유다까지 무사히 통과할 수 있게 해 주소서"(느 2:7).
셋째, "삼림 감독 아삽을 통해 성 건축에 필요한 재목을 공급받을 수 있게 해 주소서"(느 2:8).

정말 당돌하고 어려운 요청이다. 왕을 떠나겠고, 술 맡은 관원직(職)도 내려놓겠다는 것 아닌가? 더군다나 예루살렘 성을 건축하겠다는 것은 반역하겠다는 뜻으로 비춰질 수 있지 않은가? 그런데 놀랍게도 왕은 흔쾌히 허락한다. 이 일련의 과정을 겪은 느헤미야는 "내 하나님의 선한 손이 나를 도우셨다"고 고백한다(느 2:8).

자세히 보라. 그날, 뇌성이 치면서 하늘이 갈라지는 것 같은 일이 일어난 것이 아니다. 평범한 날, 평소와 똑같은 일과 속에서 놀라운 일이 일어났다. 그가 처한 환경, 매일 함께하는 가까운 사람을 통해 하나님의 선하신 손길이 역사하기 시작했다. 물론 하나님은 특별한 방법으로도 역사하신다. 애굽의 바로 왕에게 열 가지 재앙으로 나타나신 것만 보아도 알 수 있다. 하지만 하나님은 지금도 평범한 일상, 환경, 사람을 통해 끊임없이 놀라운 일을 행하고 계신다. 극히 작은 경첩이 큰 대문을 열고 닫듯, 인생을 바꾸는 굵직하고 놀라운 일도 아주 평범한 사건을 통해 일어날 수 있다. 하나님은 평범한 일상에서 겪는 극히 작은 일을 통해 큰 일을 행하신다.

하나님이 내게 말을 걸어 올 때

내게는 오래된 노트가 한 권 있다. 교회 이전과 관련한 일들을 날짜, 시간별로 빼곡히 기록한 일기장이다. 우리 교회는 10여 년 전, 교회를 대대적으로 이전했다. 교회 이전은 하나님의 선한 손이 도우신 대단한 역사가 아닐 수 없다. 그런데 이 일이 평범한 사건 속에 일어났다. 내 일기장에 기록된 것 가운데 기억에 남는 두 일화를 소개하겠다.

1999년 7월 3일 토요일 오후 3시경, 전화가 한 통 걸려 왔다. 친구 조주상 목사에게서 걸려 온 전화였다. 가벼운 안부 인사를 나눈 뒤 조 목사는 내게 "일산에 괜찮은 종교 부지가 하나 나왔는데, 관심 있으면 한번 시도해 보게"라고 말했다. 바로 이 전화 한 통이 발단이 되어 교회를 옮기게 된 것이다.

또 하나 잊을 수 없는 사건이 있다. 2000년 3월 8일, 그날 일기는 이렇게 시작된다. "이날은 정말 잊지 못할 것이다." 당시 우리가 산 종교 부지에는 이미 터파기가 들어갔기에, 옆 대지를 임대해 가건물을 지어 예배 드리고 있었다. 옆 대지는 토지공사 소유였다. 사실 이 종교 부지에 교회 건물을 지으려면, 옆 대지까지 사야 주차 공간이 나올 터였다. 하지만 당시 재정으로는 엄두가 나지 않았다. 그래서인지 늘 초조했다. 그런데 그날 오전 10시경, 토지공사 일산 지사장이 내게 직접 전화를 했다. 지금 그 땅이 매각되었으니, 3일 안에 예배 드리던 가건물을 전부 철거하라는 것이었다. 그 순간 다리가 확 풀리면서 그 자리에 털썩 주저앉고 말았다. 토지공사 측은 하이마트에서 이미 설계를 끝냈다며, 빨리 철거해 달라고 거듭 당부하며 전화를 끊었다.

일이 손에 잡히지 않았다. '어떻게 할 것인가? 왜 이런 시련을 주시는가? 앞으로 주차장은 어떻게 할 것인가? 허나 상황은 이미 끝난 것 아닌가?' 걱정이 꼬리를 물고 달려들었다. 발을 동동 굴리다가, 끝내 바닥에 주저앉아 기도하기 시작했다. 그날 오후 3시경, 마음속에 '컴퓨터를 켜서 확인해 보면 어떨까' 하는 감동이 왔다. 급히 컴퓨터를 켜고 토지공사 홈페이지에 들어갔다. 당시 토지공사 소유의 땅을 색깔로 표시했는데, 아직 팔리지 않은 땅은 '노란색'으로 되어 있었다.

급히 '마두 1동 722번지'를 검색해 보았는데, 아직 노란색이 아닌가? 그래서 본사에 전화를 걸어 확인했다. "그 땅이 가(假)계약되었는지는 모르겠으나, 계약이 아직 완전히 이루어진 것 같지 않다"는 대답이 돌아왔다. 다시 말해, 수의계약(隨意契約, 경쟁이나 입찰에 의하지 않고 상대편을 임의로 선택하여 체결하는 계약) 땅이니 계약금을 은행에 먼저 내면 임자가 될 수 있다는 말이었다.

아직 길은 있었다. 그러나 당장 계약금으로 지불할 만한 돈이 없었다. 그때 한 분이 떠올랐다. 그분에게 전화를 걸어 "계약금 7천만 원만 빌려 주십시오"라고 부탁했다. 당시 전화를 받은 그분은 회사가 몹시 어려웠는데 마침 전날 물품대금이 7천만 원 들어왔다며 흔쾌히 빌려 주셨다. 기뻐할 겨를도 없이 은행에 급히 송금하려고 토지공사 일산 지점에 다시 전화를 걸었다. 하지만 계좌번호를 알려 주지 않았다. 겨우겨우 알아내 송금하고 나니 오후 4시 25분이었다. 곧바로 영수증을 들고 토지공사 일산 지점으로 달려갔다. 담당 과장에게 어서 계약을 하자고 했더니, 계약서는 쓰지 않고 입구만 자꾸 흘깃흘깃 쳐다보는 것이 아닌가? 그러다 마지못해 계약서를 썼다.

그때였다. 도장을 찍는 순간 건장한 사람 넷이 사무실로 들이닥쳤다. 하이마트 직원들이었다. 멱살을 잡고 의자에 주저앉히더니 일어서지 못하게 했다. 하이마트가 일산 지사와 이미 구두로 가계약을 했고 설계까지 마쳤다며 윽박을 질렀다. 다행스럽게도 이 무시무시한 상황을 빠져 나왔다. 그날 토지공사 일산 지사장에게 전화를 받지 않았다면 어떻게 되었을까? 그 땅은 벌써 다른 사람의 소유가 되어 다른 건물이 들어섰을 것이다. 뒤늦게 우리 교회는 얼마나 당황했겠는가?

출애굽기 3장을 보라. 모세가 양을 돌보기 위해 호렙 산 가까이에 나갔을 때는 평소와 다름없는 날이었다. 그런데 바로 그날 모세는 여호와의 부르심을 받고 위대한 지도자가 되었다. 사무엘상 16장, 다윗 역시 평소와 다름없이 양 떼를 지키다가 집으로 돌아오라는 부름을 받았다. 또한 열왕기상 19장, 엘리사가 열두 마리의 소로 밭을 갈던 날도 평소와 다름없는 날이었다. 하지만 그날 엘리사는 엘리야의 뒤를 잇는 선지자로 부름을 받았다. 마지막으로 사도행전 3장, 앉은뱅이는 평소와 다름없이 그 자리에 앉아 구걸을 하고 있었다. 그리고 그날, 바로 그 장소에서 일어서는 기적을 맛보았다.

하나님이 은혜와 복을 우리에게 주실 때, 이 복이 항상 특별하게 임하는 것은 아니다. 평범한 날, 평범한 사람을 통해 하나님의 뜻을 알리실 때가 훨씬 많다. 관건은 "내가 어떻게 그 평범한 환경과 주변 사람들 속에서 일어나는 일들을 정확하게 읽느냐?" 하는 것이다. "내가 얼마나 영적으로 민감한가?" 바로 그것이 문제다. 어느 날, 내게 일어나는 평범한 사건 속에서도 하나님의 선하신 손길을 읽고 반응할 수 있는가?

예민하게 깨어나는 영적 감수성

영적으로 민감하기 위한 길은 분명 있다. 핵심 단어는 다섯 가지다. '말씀', '성전 사모', '회개', '중보기도', '약한 자'이다. 이 다섯 가지에 집중하면 영적으로 민감해질 수밖에 없다. 따라서 하나님의 뜻을 올바로 읽을 수 있다. 평범함 속에서 역사하시는 하나님의 선한 손길을 감지할 수 있다. 하나님의 관심과 마음, 그리고 손발이 바로 이 다섯 가지에 집중되기 때문이다. 결국 내가 관심을 갖는 것과 하나님이 관심을 두는 것이 일치하게 된다. 하나님의 마음이 나의 마음이 되는 것이다. 하나님의 마음과 내 마음이 하나가 되는 것이 너무 소중하기에 패니 크로스비(Fanny Crosby) 여사는 "나의 품은 뜻 주의 뜻같이 되게 하여 주소서"(찬 540장)라고 간구했다.

사랑하는 성도들이여! 지금 처한 환경을 어떻게 읽으며, 주변 사람들과의 관계에서 일어나는 사건들을 어떻게 해석하고, 거기에 어떻게 반응하며 살고 있는가? 그 속에서 하나님의 손길을 발견하고 있는가? 하나님의 음성을 듣고 있는가?

과연 느헤미야처럼 영적으로 민감하게 살고 있는가? 지금까지 하나님께서 얼마나 많은 일을 하셨는지 아는가? 우리는 어리석고 둔감해 하나님의 선하신 손길을 얼마나 많이 놓치며 사는지 모른다. 하나님이 나를 위해 예비하신 복과 기회를 놓치는 경우가 헤아릴 수 없이 많다.

영적으로 민감하기를 원하는가? 하나님의 마음이 있는 곳에 내 마음도 향하게 하라. 하나님의 마음이 있는 곳에 내 마음을 쏟으면 나 또한 영적으로 민감해진다. 그런 자에게 하나님의 선하신 손길이 나타난다. 결국 하나님의 선하신 손길을 매순간 경험하며 살 수 있다.

느헤미야처럼 말씀에 집중하고, 교회에 관심을 갖길 바란다. 또한 남을 위해 기도하며, 진심으로 회개하고, 약한 자들을 향해 다가가기를 소원한다. 그러면 영적으로 민감해진다. 아울러 평범한 그날에, 대수롭지 않은 말 한 마디를 통해서도 하나님의 선하신 손길을 발견하는 자들이 되길 바란다. 사랑하는 성도 한 명 한 명에게 이 은혜가 있기를 소원한다.

3장
가난하나 부유한 그 땅으로 향하라

느헤미야 3:1–6, 32

 　**명절** 때만 되면 고향으로 향하는 귀성 행렬이 도로를 가득 메운다. 가족이 모처럼 고향으로 함께 향하는 모습을 보면 참 흐뭇하다. '고향'이라는 단어만큼 따뜻하고 정감이 느껴지는 단어가 또 있을까? 어디선가 지명에서 떠오른 생각을 담아 쓴 고향에 대한 재미난 글을 보았다.

와글와글 분주하고 시끄럽고 부산한 도시 부산이 고향일지라도 좋다.

생선 매운탕(대구탕)만 좋아하는 대구일지라도 개의치 않는다.

술 좋아하는 사람이 모여 사는 청주도 괜찮다.

큰 싸움이 끊일 새 없는 대전도 두려워하지 않는다.

보석을 밝히는 사람들이 득실대는 진주도 전혀 부끄럽지 않다.

무서운 짐승이 있는 이리도 상관하지 않는다.

> 식욕 없는 사람이 식욕을 되찾으려고 애쓰는 구미도 좋다.

고향이면 그곳이 어디든 달려가는 게 우리 마음이다. 고향에는 언제든 우리를 반기는 부모님이 계시기 때문이다. 하물며 하늘에 계신 하나님은 어떠시겠는가? 어떤 환경과 상황에서든 먼저 하나님께 예배를 드리기 위해 교회로 달려온다면 하나님은 기쁨을 이기지 못하실 것이다. 잠잠히 사랑하실 것이다. 즐거이 부르며 기뻐하실 것이다(습 3:17). 바로 이런 모습이야말로 '여호와를 기뻐하는 것'이기 때문이다.

우리는 앞서 우리 자신의 모습을 돌아보았다. 지금까지 우리는 예수를 믿는다고 하면서도 여느 세상 사람들과 똑같이 돈과 명예, 학벌과 인맥, 외모만을 힘으로 생각했다. 그래서 이런 것들을 손에 쥐기 위해 온 힘을 쏟으며 달려왔다. 이런 것들을 가진 자들이 강해 보였기 때문이다. 대단해 보였기 때문이다. 우리 역시 이런 것들만 소유하면 뭐든지 할 수 있다고 생각했기 때문이다.

하지만 이제는 아니다. 이런 것들이 진정한 힘이 아니라는 사실을 깨달았다. '권력은 오래가지 못하고 변한다'(權不十年, 권불십년)는 말도 있듯이 겨우 5년이면 사라질 것들이다. 우리나라 기업의 평균 수명은 27년이고, 전 세계 기업의 평균 수명은 13년에 불과하다. 코닥(Kodak)처럼 오랜 역사를 자랑하던 기업들도 파산보호 신청을 하는 것을 우린 똑똑히 보았다. 지혜자는 지혜를, 용사는 용맹을, 부자는 부함을 자랑하지 말아야 한다(렘 9:23). 세상의 그 어떤 지혜든, 용맹이든, 부함이든 쉬 쇠한다. 점점 사라지고 없어진다. 따라서 우리는 다른 삶으로 완전히 갈아타야 한다. 독수리이신 하나님의 등에 업혀야 한다(출 19:4). 그러면 새 힘을 얻을 것이다. 점점 강해질 것이다.

"여호와로 인하여 기뻐하는 것이 너희의 힘이니라"(느 8:10)고 말씀하셨다. 진정한 힘은 바로 여호와시다. 힘은 여호와로부터 나온다. 아니, 여호와를 기뻐하는 것 그 자체가 힘이다. 여호와를 기뻐하는 사람이 되기로 다짐하라. 지금까지 '힘'이라고 생각했던 것에서 벗어나 여호와를 간절히 바라라.

갈림 길에 서다

하나님 아버지의 마음과 관심, 손발이 대체 어디에 있는가? 말씀, 성전 사모, 회개, 중보기도, 그리고 약한 자에게 있다. 이 다섯 가지에 온전히 집중해 보라.

'온전히 집중한다'는 것은 구체적으로 어떻게 하는 것인가? 이 다섯 가지를 자세히 들여다보면, 두 부류로 나뉘진다. 말씀, 기도,

회개는 지금 여기서, 나 혼자 당장 시작할 수 있는 것이다. 그러나 성전 사모, 약한 자와 함께하는 것은 조금 다르다. 말로 시작할 수 없다.

느헤미야는 예루살렘, 곧 성전을 사모했다. 더 나아가 그곳에 있는 약한 자들과 함께하길 원했다. 이들과 함께하는 것을 '형통', '은혜'라고 생각했다(느 1:11). 그런데 성전은 어디에 있는가? 약한 자들은 또 어디에 있는가? 느헤미야가 있는 곳에서 멀리 떨어진 예루살렘에 있다. 정말 사모하고 사랑한다면 그곳으로 가야 한다. 이 두 가지는 지금 페르시아의 수산 궁에 앉아서 할 수 있는 것이 아니다. 혀 혹은 말만 가지고 되는 것도 아니다. 수산 궁을 떠나 성전이 있는 곳으로 가야 한다. 약한 자들이 있는 곳으로 다가가야 한다.

느헤미야 3장을 보면, 수산 궁을 떠나 성전이 있는 곳으로, 약한 자들이 있는 곳으로 다가가는 느헤미야의 모습이 그려져 있다. 느헤미야에게 페르시아와 수산 궁은 어떤 곳인가? 그는 어디에서 태어났는가? 그의 부모님은 어디에 계시는가? 그의 땅과 가축 등 재산은 어디에 있으며, 그의 삶의 근거지는 어디인가? 두말할 필요도 없이 페르시아요, 더 정확히 말하면 바로 수산 궁이다. 훗날 느헤미야가 이끈 3차 포로 귀환은 유다가 포로 된 지 약 140년이 지난 뒤였다는 정황을 볼 때, 그는 이미 포로 된 땅에서 태어나 자랐을 확률이 높다. 그렇다면 페르시아는 느헤미야의 고향이다. 고향이란, 우선 내가 태어난 곳이요, 부모와 친척이 머무는 곳으로, 삶의 근거지가 된다. 창세기 12장에 등장하는 아브라함의 고향은 동쪽에 위치한 '갈대아 우르'였다(행 7:4). 하지만 그는 북쪽 '하란'을 자신의 고향이라고 말했다(창 24:4, 7). 그곳에 부모와 친척이 살았기 때문이요, 자신의 삶의 터전이기도 했기 때문이다. 이렇게 볼 때 수산 궁은 느헤미야의 고향이다. 느헤미야가 이곳을 떠났다는 것은 고향을 떠났다는 말이다. 고향을 떠나는 것, 이게 쉬운 일인가? 결코 쉽지 않다. 아브라함은 얼마나 방황하고, 오랜 시간 우회하고 또 우회했는가?

또한 이스라엘 백성이 400여 년이나 머물며 살던 애굽을 떠나 가나안으로 갈 때는 어떠했는가? 가나안으로 가는 길에 어려운 일이 조금이라도 생기면 어떻게 반응했는가? "그곳에는 먹을 양식이 풍족했는데, 고기 가마 곁에서 떡을 배불리 먹던 그때가 좋았는데" 하면서 불평했고, 뒤를 돌아보았다(출 16:3). 결국 열흘이면 충분히 갈 수 있는 그 길을 40년이나 걸려 도착했다. 가는 길에 사연이 얼마나 많았으면 출애굽기, 레위기, 민수기, 신명기 등 성경 네 권을 빼곡히 기록했겠는가?

그런데 느헤미야는 어떠했는가? 얼마나 걸려 예루살렘에 당도했는가?

"내가 예루살렘에 이르러 머무른 지 사흘 만에"(느 2:11).

왕의 조서를 받아 떠나온 그 긴 여정이 이렇게 간단하게 한 절로 언급되어 있다. 아브라함처럼 고향과 친척을 그리워했다든지, 이스라엘 백성처럼 지난날 풍족하게 먹고 누리던 것을 떠올렸다든지, 뒤돌아보며 갈팡질팡 방황하지 않았다는 뜻이다. 그는 마치 송아지들을 떼 놓고서도 벧세메스 길로 곧장 향하던 암소처럼 좌우로 치우치지 않고 거침없이 나아갔다(삼상 6:12). 그렇게 예루살렘에 이르렀다. 그는 더 이상 페르시아를 고향으로 생각하지 않았다. 오히려 낯설고 서먹한 예루살렘을 자신의 고향으로 생각하고, 그곳에 온 정성을 쏟았다.

하나님, 관계회복의 중심

느헤미야는 예루살렘 성에 이르러 무엇에 온 힘을 쏟았는가? 구체적으로 어느 부분에 우선순위를 두었는가? 제일 먼저 손을 댄 부분은 무엇인가? 느헤미야 3장을 천천히 읽다 보면 여러 개의 문이 나열된 것을 볼 수 있다. '양문'(3:1), '어문'(3:3), '옛 문'(3:6), '골짜기 문'(3:13), '분문'(3:14), '샘문'(3:15), '마문'(3:28), '함밉갓 문'(3:31)

등이다. 이 밖에 이스라엘 백성이 함께 모였던 '수문'(느 8:3)도 있었다. 기록을 살펴보면, 당시 예루살렘 성에는 모두 열두 개의 문이 있었다. 이 열두 문은 무엇을 상징하는가?

"내가 문이니 누구든지 나로 말미암아 들어가면 구원을 받고 또는 들어가며 나오며 꼴을 얻으리라"(요 10:9).

열두 문은 모두 장차 오실 메시아 예수 그리스도를 상징한다. 그런데 그 문 중에서 제일 먼저 손댄 것이 '양문'(느 3:1)이다. 그리고 마지막으로 언급한 것도 '양문'(느 3:32)이다. 양문(羊門)으로 시작해 양문에서 마무리한다. 이 양문을 제일 먼저 고쳐 지었다는 것은 우리에게 영적으로 큰 의미가 있다. 이 문을 바라보시며 주님은 이렇게 말씀하셨다.

"그러므로 예수께서 다시 이르시되 내가 진실로 진실로 너희에게 말하노니 나는 양의 문이라"(요 10:7).

열두 문은 모두 예수님을 상징하는데, 그중에서 양문은 오실 메시아, 예수 그리스도를 가장 정확하게 상징하는 문이다. 이 양문은 제사에 사용할 양을 끌고 들어오는 문이며, 예수 그리스도야말로 대속 제물인 어린 양이기 때문이다(요 1:29). 당시 예루살렘 성은 심하게 훼손되어 손댈 곳이 한두 군데가 아니었다. 그런데 느헤미야는 그중에서 제일 먼저 열두 성곽 문을 다시 세우는 일에 온 마음과 힘을 쏟았다. 특히 양문에서 시작하고 양문에서 마무리를 지었다. 이는 하나님과의 관계, 주님과의 관계 회복을 가장 우선시했다는 뜻이다.

열왕기상 18장에는 엘리야와 바알 선지자들이 겨룬 그 유명한 갈멜 산 대결 현장이 소개되고 있다. 먼저 바알 선지자 450명이 단을 쌓고 자신의 신들의 이름을 부르기 시작했다. 오래도록 소리소리 질렀으나 하늘에서 아무런 응답이 없었다. 칼과 창으로 자신들의 몸을 상하게 하면서까지 부르짖었으나 깜깜 무소식이었다(왕상 18:26, 28, 29). 드디어 엘리야 차례가 되었다. 그가 제일 먼저 한 것이 무엇인가?

> "엘리야가 모든 백성을 향하여 이르되 내게로 가까이 오라 백성이 다 그에게 가까이 가매 그가 무너진 여호와의 제단을 수축하되 야곱의 아들들의 지파의 수효를 따라 엘리야가 돌 열두 개를 취하니 이 야곱은 옛적에 여호와의 말씀이 임하여 이르시기를 네 이름을 이스라엘이라 하리라 하신 자더라"(왕상 18:30, 31).

엘리야는 백성을 모으고 무너진 여호와의 제단을 수축했다. 무너진 제단을 다시 쌓자 그 현장에 어떤 일이 일어났는가? 하늘에서 불이 내려 제물을 태웠다. 제단의 흙, 주변에 흐르던 도랑의 물까지도 다 태웠다(왕상 18:38). 갈멜 산 현장에 여호와 하나님이 '힘'으로 나타나셨다. 혼자 450명을 넉넉히 상대하고도 남는 힘이었다. 엘리야와 백성들이 무엇보다도 먼저 무너진 제단을 쌓음으로써 하나님과의 관계 회복을 시도했기 때문에 일어난 결과였다.

우리가 살아가면서 제일 먼저 관심을 가져야 할 것은 무엇인가? 바로 하나님과의 관계다. 만약 하나님과의 관계가 무너져 있다면 제일 먼저 이것부터 다시 세워야 한다. 회복해야 한다. 어딘가 삶에 구멍이 나 있다면, 하나님과의 관계를 제일 먼저 회복해야 한다. 견고한 성을 쌓기 위해 아무리 애쓰고 소리쳐도 소용없다. 하나님과의 관계가 무너져 있다면 모든 것이 빠져나가 버린다.

본향, 더 나은 힘

진정으로 여호와를 기뻐하는 자가 되길 원하는가? 그렇다면 말씀, 성전 사모, 회개, 중보기도, 약한 자와 함께하는 것에 온 마음과 힘을 기울이라. 그러기 위해서는 고향을 떠나야 한다. 본토, 친척, 아비 집을 떠나는 것이 하나님의 뜻이다. 자신의 본거지를 떠나는 자에게 하나님은 분명 힘이 되실 것이다.

　몇 년 전 교역자 수련회를 통영에서 가졌다. 지난 사역들을 돌아보고, 연간 계획을 세우며, 교역자들 사이에 팀워크(teamwork)도 다지는 중요한 시간이었다. 그때 잠시 짬을 내어 인근에 있는 '외도'라는 섬에 갔었다. 교역자들이 이곳에서 뭔가 중요한 메시지를 얻을 수 있으리라 분명 기대했기 때문이다. 과거, 외도라는 섬은 척박한 바위투성이였다. 전화는 물론 전기도 없는 외딴 섬이었다.

　그런데 1969년, 이창호라는 분이 바다 낚시를 갔다가 풍랑을 피하면서 이 섬과 우연히 인연을 맺게 되었다. 그는 평남 순천이 고향인데, 이곳을 제2의 고향으로 생각하고 아내와 함께 정성을 쏟기로 결심했다. 서울에서 교편을 잡고 있던 이 부부는 그날로 직장을 그만두고 망망대해에 떠 있는 이 외롭고 낯선 섬에 닻을 내렸다. 그리고 섬을 일구기 시작했다. 밀감 농장으로 시작했으나 곧 실패하고 말았다. 돼지 사육으로 바꾸었으나, 또 실패했다. 그러다가 열대 식물원을 떠올렸다. 하지만 그것도 말처럼 쉬운 일이 아니었다. 우선 파도가 너무 거세게 몰아치는 바위섬이기에 접안 시설을 설치할 수 없었다. 만들어 놓으면 파도가 쓸어 가 버리기를 네 번. 결국 다섯 번 만에 가까스로 배를 접안할 수 있는 부두를 만들었다. 더구나 외국에서 천여 종의 희귀 열대 식물들을 수입해 와서 작품을 만들기 시작했다. 그 황량했던 섬이 점점 바뀌어 갔다.

30여 년이 지난 지금, 이 섬은 지중해 해변을 옮겨 놓은 듯, 작은 천국으로 변했다. 탐방객들은 놀라움을 금치 못한다. 이 아름다운 섬에 무려 1천 3백만 명이 다녀갔다고 한다. 한편 전망 좋은 곳에 위치한 앙증맞은 교회가 보였다. 탐방객들이 기도할 수 있도록 부부가 배려한 공간이었다. 개인적으로 가장 인상에 남는 장소는 아내가 남편의 죽음 3주기를 맞아 그리워하며 세운 가슴 시린 비문이었다. 이 비문에는 남편을 추모하며 쓴 글이 새겨져 있었다. 이 글 가운데 마지막 부분을 옮겨 적어 본다.

"다시 만나는 그날까지"

임이시여, 이창호 씨여.
임께서 못다 하신 일들을 우리가 할 것으로 믿으시고
주님의 품에 고이 잠드소서.

이제 모든 걱정을 뒤로하신 임이시여.
임은 내 곁에 오실 수 없어도
내가 그대 곁으로 가는 일이 남아 있으니
나와 함께 쉬게 될 그날까지

다시 만날 그날까지

주 안에서 편히 쉬세요.

2003년 3월 1일 하늘나라에 가시다.

부인 최호숙 드림

    이 부부는 평남 순천, 서울, 외도, 그리고 마지막으로 하늘나라를 고향으로 생각하고 있었다. 결국 고향을 어디로 생각하느냐가 인생에서 아주 중요한 문제다. 숙소로 돌아가는 길, 나는 고향에 대해 깊이 묵상하게 되었다. 그러다 옛날 어렸을 때 뛰놀았던 동네 입구에 들어섰다. 차를 잠시 세웠다. 이내 생가(生家)가 눈에 들어왔다. 바로 옆에는 내가 신앙의 터전을 다졌던 교회가 불빛을 밝히고 있었다. 저 멀리 부모님의 산소도 희미하게 보였다. 아련한 추억을 뒤로하고 교역자 수련회를 마친 뒤, 목요일 저녁 교회로 돌아왔다.

    다음 날 아침, 교회에 출근하기에 앞서 일산 동구청으로 갔다. 나의 본적지, '경남 거제시 삼거동 590번지'를 '경기도 고양시 일산동구 마두 1동 722번지'로 바꾸어 신고했다. 느헤미야처럼 고향을 바꾸었다.

    그 옛날 600여 년 전, 고려 왕조가 망하면서 왕손들이 거제도로 피난 내려온 것이 사실이라면, 더구나 위협을 느껴 '왕'(王)이라는 글자 옆에 점을 하나 찍어 옥(玉)가가 된 것이 사실이라면, 그것도 모자라 거제도의 제일 오지에 삶의 터전을 마련하고 숨어 지낸 것이 사실이라면, 나의 본적지는 의미 있는 주소임에 틀림없다. 그러나 그 긴 세월 선조들이 머물렀던 땅을 뒤로하고, 이곳 722번지를 나의 새 본적지, 곧 고향으로 삼기로 결정했다. 새 본적지인 이곳에는 내 눈물과 땀, 젊음, 물질이 고스란히 녹아 있다. 교회를 신축할 때는 재정이 어려워 1년 동안 사례금 전액을 이곳에 쏟아 붓기까지 했다. 이제 이곳이 내 고향이다.

지금 당신의 고향은 어디인가? 어디를 진정한 고향으로 생각하는가? '나온 바 본향'(히 11:15)인가? 아니면 '더 나은 본향'(히 11:16)인가?

> "그들이 나온 바 본향을 생각하였더라면 돌아갈 기회가 있었으려니와 그들이 이제는 더 나은 본향을 사모하니 곧 하늘에 있는 것이라 이러므로 하나님이 그들의 하나님이라 일컬음 받으심을 부끄러워하지 아니하시고 그들을 위하여 한 성을 예비하셨느니라"(히 11:15, 16).

우리는 '나온 바 본향', 곧 내 육신의 고향을 떠나 '더 나은 본향', 저 천국을 향해 나아가는 자들이다. 천국의 그림자가 어디인가? 예루살렘, 즉 오늘의 교회다. 이 교회를 새롭게 세우는 일에 한 마음이 되자. 손에 손을 잡자. 온 정성을 쏟아 보자. 바로 이 모습이야말로 정녕 여호와를 기뻐하는 것이다. 그런 자들에게 하나님이 힘이 되실 것이다.

4장

보이지 않는 평화의 힘으로 달려가라

느헤미야 4:1-6

　　　　　　　　　새벽이면 예배를 드린 뒤 자전거로 일산 호수공원을 몇 바퀴씩 돈다. 새벽 예배를 통해 주신 새로운 은혜로 몸과 마음을 다잡는 나만의 충전 시간이다. 그런데 교회에서 호수공원을 오가다 보면 항상 지나치는 초등학교가 있다. 그 앞 큰길 가까이에 늘 똑같은 차가 서 있었다. 어느 추운 날 아침, 똑같은 장소에서 어김없이 그 차를 발견했다. '왜 저렇게 하루도 빠짐없이 매일 저 자리에 주차를 하고 있을까?' 지나칠 때마다 늘 궁금했던 나는 그날 일부러 그 차 옆으로 다가갔다. 가까이 가 보니 기사가 의자에 비스듬히 누워 자고 있었다. 깨울까 말까 고민하다 조심스럽게 유리 창문을 두드렸다.

　　"오래 전부터 늘 궁금했습니다. 여기서 뭘 하세요?"

　　그가 대답했다.

"소식 오기를 기다리지요."

"무슨 소식을요?"

"교통사고가 났다는 소식이오."

견인차(wrecker)였던 것이다. 이 기사는 이틀에 한 번 집에 들어간다고 했다. 그는 견인차 기사이기에 교통사고가 났다는 소식을 늘 기다릴 수밖에 없다. 그렇다고 그가 견인차 기사라는 이유로 교통사고가 나기를 은근히 원할 것이라고는 생각하지 않는다. 하지만 문득 이런 생각이 들었다. '같은 하늘 아래 살면서 서로 전혀 다른 소식을 기다리며 살 수도 있구나.' 어디선가는 출근하는 남편, 등교하는 딸의 뒷모습을 보면서 "오늘도 무사히"라고 나지막하게 기도하는 손길이 있을 터였다.

그러고 보니 장례식장을 운영하는 사람들은 어떨까? 사람들의 사망 소식을 은근히 기다리게 될까? 무기를 만들어 파는 일에 관련한 사람들은 또 어떨까? 과연 이 땅에 평화를 원할까? 아니면 전쟁을 원할까? 먹고 살기 위해 혹은 그보다 더한 욕심 때문에 사람들이 더 아프고 상하기를 은근히 바라는 사람들이 있을까?

그렇다면 교회라는 공동체에도 그런 사람이 있을까? 공동체가 은혜롭게 성장하고, 새롭게 회복되어 사회에 변화를 일으키기보다는 내부 문제로 서로에게 상처를 주고 이로 인해 고통을 호소한다면 당연히 안타까워해야 하지 않은가? 그런데 오히려 그런 일들이 일어나길 은근히 바라고 이를 즐기는 사람이 있진 않은가?

다른 소원을 갖고 사는 사람

느헤미야 4장은 '산발랏'의 등장으로 시작한다. 이어지는 3절에는 '도비야'도 등장한다. 우리는 이들을 느헤미야 2장에서 이미 만났다. 도대체 이들은 어떤 사람들인가? 어떤 마음을 품고 사는 사람들인가?

"호론 사람 산발랏과 종이었던 암몬 사람 도비야와 아라비아 사람 게셈이 이 말을 듣고 우리를 업신여기고 우리를 비웃어 이르되 너희가 하는 일이 무엇이냐 너희가 왕을 배반하고자 하느냐 하기로"(느 2:19).

이들은 느헤미야를 비롯한 백성들이 예루살렘 성을 다시 세운다는 소식을 듣고 비웃었다. 물론 처음에는 비웃고 업신여기는 정도였다. '설마 그런 일이 일어나겠어?' 하고 의심했을 수도 있다. 그런데 예루살렘 성을 본격적으로 다시 세우는 것이 아닌가? 그러자 산발랏은 이를 그냥 내버려 두어서는 안 된다고 생각했다.

"산발랏이 우리가 성을 건축한다 함을 듣고 크게 분노하여 유다 사람들을 비웃으며 자기 형제들과 사마리아 군대 앞에서 일러 말하되 이 미약한 유다 사람들이 하는 일이 무엇인가, 스스로 견고하게 하려는가, 제사를 드리려는가, 하루에 일을 마치려는가, 불탄 돌을 흙무더기에서 다시 일으키려는가 하고"(느 4:1, 2).

그러자 옆에 있던 도비야도 장단을 맞춘다.

"암몬 사람 도비야는 곁에 있다가 이르되 그들이 건축하는 돌 성벽은 여우가 올라가도 곧 무너지리라 하더라"(느 4:3).

산발랏은 어떤 자인가? 왜 이 자는 지금 예루살렘 성의 문과 벽을 다시 세우는 일을 이토록 비웃고 싫어하며 방해하는 것인가? 유대의 유명한 역사가 요세푸스(Flavius Josephus)의 기록에 의하면, 산발랏은 원래 사마리아 여자와 앗수르 남자 사이에서 태어난 혼혈 사마리아인이었는데 페르시아 황제에게서 그 지방의 장관, 즉 총독으로 임명받았다고 한다.

알다시피 북이스라엘은 앗수르, 남유다는 바벨론의 침략으로 이미 멸망했다. 그런데 이 앗수르와 바벨론도 얼마 되지 않아 신흥 대제국 페르시아에게 먹혀 버렸다. 이렇게 남북이 모두 페르시아의 속국이 되자 남북의 국경은 희미해졌고, 이스라엘이라는 국호까지도 점점 사라지게 되었다. 그래서 북쪽은 사마리아, 남쪽은 유다로 불리게 되었다.

신흥 페르시아는 앗수르와 바벨론을 합친 거대한 대제국이다. 이에 비해 남북 이스라엘은 합쳐 봐야 경상북도 크기 정도에 불과한 조그마한 땅이다. 때문에 거대한 제국을 통치해야 했던 페르시아는 이스라엘 남북에 총독을 각각 파견할 필요가 없다고 느낀 것 같다. 이런 상황 속에 총독 산발랏은 이스라엘 남북 전체를 관장하는 위치에 있었음이 분명하다. 말하자면 산발랏은 느헤미야의 선임 총독이었던 셈이다.

하지만 산발랏은 사마리아 출신이었기에 사마리아 성에 머물렀던 것 같다. 그는 지금 페르시아의 녹을 먹고 있는 총독이다. 그러기에 '어떻게 하는 것이 황제를 위한 길일까? 어떻게 하면 황제의 마음에 들어 이 총독 자리를 오래도록 보존할 수 있을까?'만을 늘 고민했을 것이다. 그가 얻었을 결론은 간단하다. 예루살렘과 사마리아를 철저하게 더 황폐화하는 것이다. 페르시아 황제에게 다시 반기를 들지 못하도록, 황폐해진 성을 다시 세우지 못하도록, 나라를 독립하지 못하도록 해야만 황제가 좋아할 것이라고 생각했을 것이다. 그래서 느헤미야를 비롯한 백성들이 예루살렘 성 건축을 시작하자 "너희가 왕을 배반하고자 하느냐?"(느 2:19) 하며 비아냥

거렸다. 산발랏은 예루살렘을 폐허가 된 상태 그대로 방치했다. 더군다나 백성들을 억압했다. 분명 그의 몸에는 이스라엘의 피가 흐르고 있었다. 하지만 예루살렘을 더 황폐하게 만드는 것이야말로 황제에게 충성하는 길이요, 자신의 자리를 보장받아 언제까지나 부귀영화를 누릴 수 있는 길이라고 확신했다.

그러던 어느 날 청천벽력 같은 일이 벌어졌다. 페르시아로부터 한 사람이 불쑥 나타나서는 자신이 새 총독이라고 외치는 것이 아닌가? 술 맡은 관원이자 왕의 최측근이었던 '느헤미야'가 예루살렘에 당도한 것이다. 바로 어제까지만 해도 자신이 총독이었는데, 처음 보는 얼굴이 나타나서는 총독 자리를 빼앗아 버렸다. 더군다나 그는 산발랏 자신과는 전혀 다른 행보를 보이기 시작했다. 그는 먼저 심복들을 데리고 황폐한 현장을 샅샅이 살폈다. 그러더니 백성들과 함께 무너진 성을 새롭게 짓는 것이 아닌가!

느헤미야 3장을 보면 놀랍게도 '다음은, 그 다음은'이란 말이 무려 서른 번이나 등장한다(느 3:2, 4, 5, 7-10 등). 마치 '손에 손을 잡고' 강강술래를 하는 듯하다. 늙은이, 어린아이, 병든 자, 장애자, 가난한 자들이 어디서 저런 힘이 나왔나 싶을 정도로 한마음이 되어 일어섰다. 예루살렘을 다시 세우며 부흥시키고 변화를 주는 일에 모두의 마음이 뜨거워졌다.

그런데 산발랏은 이 모습을 심히 못마땅하게 생각했다. 왜 그

랬겠는가? 어느 순간 중심에서 밀려나 버린 자신의 초라한 모습을 발견했기 때문이다. 자신은 옛 모습을 고수하며 옛 것을 고집했는데, 사람들은 변화에 호응하며 환호성을 보내고 있었다. 변화가 거듭될수록 자신의 발언권과 영향력은 점점 사라져 갔다. 이젠 사람들이 한때 총독이었던 자기에게 시선조차 보내지 않는다. 사람들의 관심에서 점점 멀어져 가니, 불쾌할 수밖에 없다. 결국 산발랏은 몇몇 사람들과 내통하며 세력을 모으기 시작했다. 더욱이 소리까지 지르기 시작했다. 그래도 느헤미야와 유다 백성은 개의치 않는다. 그러자 그는 더 분노한다. 이젠 말만 하는 것이 아니라 행동으로 옮긴다.

> "산발랏과 도비야와 아라비아 사람들과 암몬 사람들과 아스돗 사람들이 예루살렘 성이 중수되어 그 허물어진 틈이 메꾸어져 간다 함을 듣고 심히 분노하여 다 함께 꾀하기를 예루살렘으로 가서 치고 그곳을 요란하게 하자 하기로"(느 4:7, 8).

여기에 산발랏과 가까이 살던 일부 유대인들도 힘을 모았다(느 4:10-12). 이 유대인들은 어떤 사람들인가? 평소에 산발랏과 가까이 지낸 자들이었다(느 4:12). 이들은 어떻든지 예루살렘이 회복되고, 변화의 물결이 일어나는 것을 가로막기 위해 안간힘을 다했다. 같은 하늘 아래 함께 살아가고 있었지만, 이들의 생각은 완전히 달랐다.

하나님, 악을 이기게 하는 힘

과연 교회라는 공동체에도 산발랏 같은 자들이 있는가? 안타깝지만 있다. 교회의 주인이신 하나님께서 이런 자들을 허용하실까? 그렇다. 허용하신다. 왜 그러실까? 아이러니하게도 교회 공동체에 이와 같은 자들이 꼭 필요하기 때문이다. 세 가지 이유 때문이다.

첫째, 산발랏은 이들로 하여금 기도하게 했다.

"우리 하나님이여 들으시옵소서"(느 4:4).

둘째, 산발랏은 이들로 하여금 긴장을 불러일으켜 정신을 바짝 차리게 했다.

"그때로부터 내 수하 사람들의 절반은 일하고 절반은 갑옷을 입고 창과 방패와 활을 가졌고 민장은 유다 온 족속의 뒤에 있었으며 성을 건축하는 자와 짐을 나르는 자는 다 각각 한 손으로 일을 하며 한 손에는 병기를 잡았는데 건축하는 자는 각각 허리에 칼을 차고 건축하며 나팔 부는 자는 내 곁에 섰었느니라"(느 4:16-18).

셋째, 산발랏은 이들로 하여금 온 힘을 다하도록 했다.

"우리가 이같이 공사하는데 무리의 절반은 동틀 때부터 별이 나기까지 창을 잡았으며 그때에 내가 또 백성에게 말하기를 사람마다 그 종자와 함께 예루살렘 안에서 잘지니 밤에는 우리를 위하여 파수하겠고 낮에는 일하리라 하고 나나 내 형제들이나 종자들이나 나를 따라 파수하는 사람들이나 우리가 다 우리의 옷을 벗지 아니하였으며 물을 길으러 갈 때에도 각각 병기를 잡았느니라"(느 4:21-23).

지금 예루살렘 공동체가 산발랏 때문에 오히려 더 기도하며 긴장하고, 온 힘을 다하고 있다. 산발랏은 어떤 면에서 이스라엘 공동체를 위해 긍정적인 역할을 톡톡히 하고 있는지도 모른다. 마치 물고기 수송 탱크 안에 있는 문어 한 마리처럼 말이다. 이게 무슨 말인가?

미국처럼 넓은 대륙에서 살아 있는 물고기를 운반할 때면 흔히 있는 일이다. 한참 후 도착지에 가 보면 땅이 넓다 보니 많은 물고기들이 죽어 있는 것이 아닌가? 더욱이 살아 있다 해도 신선도가 떨어져 상품 가치가 없다. 그런데 어떤 사람은 한 마리의 물고기도

죽이지 않고 운반해 이 싱싱한 물고기를 제값에 팔아 재미를 보는 것이 아닌가! 그 비결이 뭐냐고 물어보니 별거 아니었다. 물고기 수송 탱크마다 문어 한 마리씩을 넣는 것, 바로 그게 비결이었다. 문어는 물고기를 잡아먹는다. 그러니 다른 물고기들이 잡아먹히지 않으려고 기를 쓰며 도망 다닌다. 죽을 틈도, 정신이 혼미해질 틈도 없다. 드디어 물고기들은 싱싱한 채로 도착지에 배달된다.

그래서 이런 산발랏에게 멋진 별명을 하나 붙여 주고 싶었다. 바로 '페이스메이커'(pace maker)다. 이 단어의 의미를 아는가? '페이스메이커'란 중거리 이상의 마라톤, 수영, 자전거, 스케이팅 등의 스포츠 경기에서 우승 후보의 기록을 단축하기 위해 전략적으로 투입되는 선수를 가리킨다. 이 페이스메이커는 우승 후보와 경쟁하는 다른 선수를 자극하고 도전하기 위해 기준이 되는 속도로 달린다. 오로지 남의 1등만을 위해 달려야 하는, 메달을 목에 걸 수 없는, 그러나 그것을 사명으로 알고 운동장에서 뛰는 선수다.

얼마 전 "페이스메이커"(pace maker, 2012)라는 영화가 상영된 적이 있다. 이 영화를 소개한 짧은 글귀는 이렇다.

"나는 페이스메이커다. 마라톤은 42킬로미터?

하지만 나의 결승점은 언제나 30킬로미터까지다.

메달도, 영광도 바랄 수 없는 국가대표……

오직 누군가의 승리를 위해 30킬로미터까지만 선두로 달려 주는 것!
그것이 내 목표이자 임무다.
그래도 언젠가 꼭 한 번은…… 오로지 나를 위해 달리고 싶다!"

이 영화를 소개한 글귀에서 분명 어떤 극적인 반전이 있을 것 같다. 느헤미야에게 산발랏은 분명 페이스메이커였다. 느헤미야와 이스라엘 공동체로 하여금 깨어서 기도하고, 긴장하며, 온 힘을 다하게 만드는, 분명 그런 긍정적인 역할을 하고 있다. 페이스메이커로서의 역할을 톡톡히 해 내고 있기 때문이다. 우리 또한 성경에서 이런 페이스메이커를 쉽게 찾아볼 수 있다.

페이스메이커인가 피스메이커인가

모세에게 애굽 왕 바로는 페이스메이커였다. 바로 때문에 얼마나 울며 기도했는가? 부르짖었는가? 긴장하고 두려워했는가? 그리고 온 힘을 다했는가? 바로가 없는 모세를 생각할 수 있는가? 모세가 이토록 기도의 사람, 영적으로나 육적으로 훌륭한 지도자로 우뚝 서게 된 것은 페이스메이커 바로가 있었기 때문이다.

다윗 역시 훌륭한 페이스메이커로서 사울 왕이 곁에 있었다.

사울 때문에 얼마나 울며 기도했는가? 부르짖었는가? 긴장하고 두려워했는가? 온 힘을 다했는가? 사울이 없는 다윗을 생각할 수 있는가?

한편 예수님에게 가룟 유다는 어떠했는가? 예수님이 가셔야 할 목표점은 골고다 십자가였다. 그곳을 향해 달려가셨다. 하지만 예수님도 육체를 가진 연약한 분이시기에 십자가를 앞에 놓고 얼마나 고민하고 힘들어하셨던가! 이런 예수님을 은 삼십에 팔아넘긴 자가 누구인가? 밤중에 겟세마네 동산을 찾아 "랍비여 안녕하시옵니까?" 하는 군호(軍號)로 예수를 붙잡고는 이내 십자가에 끌고 가 못 박도록 내준 자가 누구인가? 이런 점에서 가룟 유다 역시 예수님의 페이스메이커였다.

오늘날 믿음의 경주를 하는 우리에게도 예외 없이 페이스메이커가 있다. 그것은 바로 사탄이다. 사탄은 마치 산발랏처럼 끊임없이 문제를 일으킨다. 소란스럽게 한다. 바람과 풍랑을 쉼 없이 일으킨다. 그래서 우리로 하여금 기도하게 한다. 긴장과 두려움에 떨게 만든다. 모든 일에 깨어 있게 만든다. 사탄의 의도는 악하지만 분명 긍정적인 면도 있다. 영적으로 페이스메이커 역할을 톡톡히 하는 셈이다.

하지만 페이스메이커들의 끝은 어떤가? 약 42킬로미터 중 30킬로미터, 바로 거기까지다. 거기가 한계요, 끝이다. 30킬로미터까지가 이들의 운명이다. 한때 선두 주자가 되어 주목을 받기도 한다. 그런데 정작 자신은 결승점에 이르지 못하고, 면류관도 쓰지 못하는 사람, 그래서 잊혀져 버리는 사람이 바로 '페이스메이커'다.

페이스메이커 역할을 했던 자들을 보라. 바로 왕의 최후는 어떠했는가? 다윗을 그토록 괴롭힌 사울의 최후는 또 어떠했는가? 사사건건 잘난 체하던 가룟 유다 역시 최후는 어떠했는가? 한편 우리를 괴롭히는 사탄의 최후는 어떨 것이라고 성경은 기록하고 있는가?

이런 점에서 '페이스메이커'라는 고상한 호칭보다는 '방망이'나 '막대기'라는 호칭이 더 정확할 것 같다. 하나님께서 잠깐 허용하신 뒤에는 꺾어 버리시기 때문이다. 이스라엘 백성이 범죄했을 때 하나님은 바벨론을 방망이로 사용하셨다. 하지만 잠시 후에 그 방망이를 꺾어 버리셨다.

> "온 세계의 망치(방망이)가 어찌 그리 꺾여 부서졌는고 바벨론이 어찌 그리 나라들 가운데에 황무지가 되었는고"(렘 50:23).

왜 그들은 이런 최후를 맞아야 했을까? 두 가지 이유를 생각할 수 있다.

"우리 하나님이여 들으시옵소서 우리가 업신여김을 당하나이다 원하건 대 그들이 욕하는 것을 자기들의 머리에 돌리사 노략거리가 되어 이방에 사로잡히게 하시고 주 앞에서 그들의 악을 덮어 두지 마시며 그들의 죄를 도말하지 마옵소서 그들이 건축하는 자 앞에서 주를 노하시게 하였음이니이다 하고"(느 4:4, 5).

한 가지 이유는 느헤미야 입에서 산발랏과 도비야를 향해 축복의 기도가 나오지 않고 있다는 점이다. 여기에는 참으로 중요한 사실이 숨어 있다. 우리는 혼자만의 기도로 살 수 없는 부족한 사람들이다. 누군가 나를 위해 기도하기 때문에 살 수 있는 것이다. 그런데 나를 괴롭히는 사람을 생각할 때 과연 진심 어린 기도가 나올까? 예수님이 가룟 유다를 향해 하셨던 말씀을 생각해 보자.

"인자는 자기에 대하여 기록된 대로 가거니와 인자를 파는 그 사람에게는 화가 있으리로다 그 사람은 차라리 태어나지 아니하였더라면 제게 좋을 뻔하였느니라"(마 26:24).

다른 한 가지 중요한 이유는, 페이스메이커가 우리를 막강하게 흔들지라도 우리 뒤에는 든든한 후원자가 있기 때문이다.

"너희는 어디서든지 나팔 소리를 듣거든 그리로 모여서 우리에게로 나아오라 우리 하나님이 우리를 위하여 싸우시리라 하였느니라"(느 4:20).

이처럼 교회라는 공동체에는 '페이스메이커' 아니 '방망이', '막대기'가 꼭 필요하다. 그런 사람이 있기에 공동체는 더 기도하며 긴장하고, 온 힘을 다한다. 그래서 하나님도 이 방망이를 허용하신다. 하지만 정작 그 방망이 자체의 최후는 예외 없이 좋지 못하다. 그러므로 내가 애써 방망이를 자처할 필요는 없다. 하나님이 방망이를 중간에 반드시 꺾어 버리시기 때문이다.

지금 우리의 모습은 어떤가? 혹시 나 자신이야말로 중간에서 경주를 멈추어야 하는 '페이스메이커'가 아닌가? 우리는 최후의 승리, 면류관을 얻기 위해 달려야 하는 자들이다. 중간에 꺾여 버림을 당하는 사람이 되면 안 된다.

"운동장에서 달음질하는 자들이 다 달릴지라도 오직 상을 받는 사람은 한 사람인 줄을 너희가 알지 못하느냐 너희도 상을 받도록 이와 같이 달음질하라"(고전 9:24).

그래서 바울은 늘 스스로를 향해 이렇게 다짐했다.

"내가 내 몸을 쳐 복종하게 함은 내가 남에게 전파한 후에 자신이 도리어 버림을 당할까 두려워함이로다"(고전 9:27).

내가 섬기는 교회의 어제를 잠시 떠올려 볼 때, 결코 성령 충만하지 못했음을 고백하게 된다. 한때 젊은이들이 하나 둘씩 떠나 버려 그리 크지도 않은 예배당에 듬성듬성 빈자리가 많았다. 예배당을 찾은 성도들은 대부분 기력이 쇠한 노년층이었다. 공동체가 전체적으로 힘을 잃고 무엇을 해야 할지 몰라 주저앉아 버린 듯했다. 그런데 어느 날부턴가 회복의 물결이 일어나기 시작했다. 예배가 회복되며, 섬김과 봉사의 손길이 늘어나고, 찬양 소리가 울려 퍼지기 시작했다. 하나님께서 회복과 부흥의 역사를 허락하신 것이다. 물론 아직도 미흡하고 약한 부분이 많지만 모두 한마음이 되어 교회를 긍정적으로 바라보려고 한다.

이제 성도 한 명 한 명이 공동체를 해방하는 막대기나 방망이가 되지 않길 바란다. 교회와 성도들을 긍정적으로 바라보기 바란다. 자신을 드러내기보다는 세례 요한처럼 자신의 영향력이 사라지고, 잊혀진다 할지라도 그것을 오히려 기뻐하고 보람으로 여기는 자가 되기를 바란다.

"그들이 요한에게 가서 이르되 랍비여 선생님과 함께 요단 강 저편에 있던 이 곧 선생님이 증언하시던 이가 세례를 베풀매 사람이 다 그에게로 가더이다……신부를 취하는 자는 신랑이나 서서 신랑의 음성을 듣는 친구가 크게 기뻐하나니 나는 이러한 기쁨으로 충만하였노라 그는 흥하여야 하겠고 나는 쇠하여야 하리라 하니라"(요 3:26, 29, 30).

세례 요한처럼 잠시 후면 우리도 모두 이 자리를 물려주고 떠날 것이다. 우리는 하나님의 역사에서 통로일 뿐이다. 이런 세례 요한을 향해 주님은 어떻게 반응하시는가?

"내가 진실로 너희에게 말하노니 여자가 낳은 자 중에 세례 요한보다 큰 이가 일어남이 없도다 그러나 천국에서는 극히 작은 자라도 그보다 크니라"(마 11:11).

세례 요한은 자신이 드러나고 흥해지는 것에는 관심이 없었다. 오직 예수 그리스도가 오실 길을 예비하고, 그가 모든 백성 가운데 드러나는 것을 기뻐했다. 이야말로 진정 여호와를 기뻐하는 것이다. 나 자신을 드러내려고 하면 페이스메이커가 되기 쉽다. 가는 곳마다 문제와 갈등을 만드는 사람이 되기 쉽다. 하지만 우리는 페이스메이커가 되어서는 안 된다. 주변 사람들을 힘들고 어렵게 하기보다는 오히려 복을 나누어 주는 통로가 되어야 한다. 하나님은 우리를 향해 어떤 소원을 가지고 계시는가?

"보라 형제가 연합하여 동거함이 어찌 그리 선하고 아름다운고 머리에 있는 보배로운 기름이 수염 곧 아론의 수염에 흘러서 그의 옷깃까지 내림 같고 헐몬의 이슬이 시온의 산들에 내림 같도다 거기서 여호와께서 복을 명령하셨나니 곧 영생이로다"(시 133편).

내 주변 사람들에게 긍정적인 영향을 끼치는 사람이 되자. 격려자가 되자. 그 사람이 나 때문에 힘을 얻고 일어설 수 있도록 남을 세워 주는 사람이 되자. 이런 사람에게 여호와 하나님은 분명 힘이 되실 것이다.

여호와를 기뻐하는 것, 그것은 바로 페이스메이커(pace maker)가 아니라 피스메이커(peace maker)가 되는 것이다.

5장

차가운 경쟁을 따뜻한 나눔으로 바꾸라

느헤미야 5:1-13

　　　　　　　　　한때 '재벌'과 '골목 상권'이라
는 단어가 최대 화두로 떠오른 적이 있다. 사실 두 단어는 상충된
다. 그런데 함께 입에 오르내렸다. 지난 수년 간 한국의 대기업들은
닷새가 멀다 하고 기업을 인수하거나 설립했다. 중소기업이나 자영
업자들은 다 나자빠지는데, 2012년 한국 30대 대기업의 매출액은
국내총생산(GDP)을 추월했다. 특히 삼성, 현대, 엘지, 에스케이, 포
스코 등 5대 기업 매출이 GDP의 63퍼센트나 된다.

　여기엔 가난, 추위, 배고픔이 무엇인지 모르는 재벌 3, 4세들의
사업 확장이 큰 기여를 했다. 이들은 부모에게 물려받은 막대한 자
금과 유통 판로 등을 배경으로 빵, 순대, 청국장, 커피, 라면, 물티슈
수입 등 이른바 돈벌이가 될 만한 사업에 마구잡이로 뛰어들어 중
소기업과 영세업자들의 시장을 빼앗았다. 지금도 대기업의 이런 사

업 행태 때문에 소위 골목 상권이 초토화되고 있다. 사태가 이 지경에 이르자 정부까지 나서서 이것은 '기업의 윤리와 관련한 문제'라고 지적했다. 그제서야 대기업들은 골목에서 철수하겠다며 마지못해 꼬리 내리는 시늉을 하고 있다.

한국은 분명 자유시장을 지향하고 있다. 자유시장은 말 그대로 자유롭게 무한경쟁을 할 수 있는 시장이다. 그래서 이 경쟁에는 철저하게 승자 원칙이 적용된다. 그러므로 자본주의 사회에서는 누가 어떤 사업을 하든, 전적으로 자유다. 그런데 이 체제가 시장 참여자들의 지나친 무절제와 탐욕 때문에 경기 과열과 거품을 낳으며 위기를 불러왔다. 최상위 1퍼센트 계층이 경제 성장의 열매를 대부분 차지하는 극단적 '승자 독식'(勝者獨食)이 보편화되면서 사회 양극화, 부의 쏠림 현상이 점점 심해졌다.

최근에는 부촌과 빈촌의 수명 양극화 현상까지 통계에 잡히고 있다. 부촌의 평균 사망 나이가 최고인 곳은 약 77세였던 반면 빈촌 가운데 최저인 곳은 약 66세로 무려 10년 차이가 났다. 노년기에 접어들면 누구나 질병이 생기기 마련인데, 부자들은 의료비를 충분히 지출하면서 그 고비를 넘긴다는 게 전문가들의 분석이다. 상황이 이러니, 신자유주의에 대한 저항 혹은 반대의 목소리가 높아질 수밖에 없다.

과욕의 도구가 돼 버린 사람들

그런데 이런 절규와 부르짖음이 오늘날 우리 시대만의 문제인가? 느헤미야 5장 말씀을 보자.

"그때에 백성들이 그들의 아내와 함께 크게 부르짖어 그들의 형제인 유다 사람들을 원망하는데"(느 5:1).

백성들이 유다 사람들을 향해 크게 부르짖으며 원망하고 있다. 원망을 들은 유다 사람들은 구체적으로 어떤 자들인가?

"깊이 생각하고 귀족들과 민장들을 꾸짖어 그들에게 이르기를 너희가 각기 형제에게 높은 이자를 취하는도다 하고 대회를 열고 그들을 쳐서"(느 5:7).

여기 경제적 여력이 전혀 다른 두 그룹이 등장한다. 한쪽은 심각한 경제적 어려움에 처한 그룹이다. 다른 한쪽은 높은 이자로 재산을 늘려 호의호식(好衣好食)하는 그룹이다. 당시 경제적 어려움에 처한 자들의 실상은 어느 정도였는가?

> "어떤 사람은 말하기를 우리와 우리 자녀가 많으니 양식을 얻어 먹고 살아야 하겠다 하고 어떤 사람은 말하기를 우리가 밭과 포도원과 집이라도 저당 잡히고 이 흉년에 곡식을 얻자 하고"(느 5:2, 3).

당시 예루살렘 공동체의 평범한 백성들은 심한 경제적 압박에 시달리고 있었다. 이들은 허기진 배를 움켜쥐고 어쩔 줄 몰라 했다. 상황이 이렇다 보니 입에 풀칠하기 위해 발버둥치며 살아야 했다. 가진 것을 내다 팔거나 저당이라도 잡혀야 양식을 구할 수 있었다. 느헤미야 5장 4, 5절을 보면 이들의 원망이 하늘을 찌를 듯하다.

> "어떤 사람은 말하기를 우리는 밭과 포도원으로 돈을 빚내서 왕에게 세금을 바쳤도다 우리 육체도 우리 형제의 육체와 같고 우리 자녀도 그들의 자녀와 같거늘 이제 우리 자녀를 종으로 파는도다 우리 딸 중에 벌써 종 된 자가 있고 우리의 밭과 포도원이 이미 남의 것이 되었으나 우리에게는 아무런 힘이 없도다 하더라"(느 5:4, 5).

일반 백성들은 빚을 내서라도 세금을 꼬박꼬박 냈다. 하지만 귀족들은 탈세를 일삼았다. 억울한 백성들이 한탄한다. "우리도 너희와 같은 사람이 아니냐? 우리 자녀도 너희 자녀와 같지 않느냐? 그런데 금쪽 같은 내 자식들을 어쩔 수 없이 노예로 팔고 있다. 먹고 살기 위해 내 사랑하는 딸을 남의 집에 가정부나 첩으로 보내고 있다. 피 땀 흘려 마련한 내 작은 땅마저 남의 손에 넘어갔다. 우리에게는 이제 아무런 힘이 없다." 상황이 얼마나 절박했으면 여인들까지 길거리로 뛰쳐나와 이 부르짖음에 합세를 했겠는가?

이 상황을 보니 전도서 기자의 말씀이 떠오른다.

"이미 있던 것이 후에 다시 있겠고 이미 한 일을 후에 다시 할지라 해 아래에는 새 것이 없나니 무엇을 가리켜 이르기를 보라 이것이 새 것이라 할 것이 있으랴 우리가 있기 오래 전 세대들에도 이미 있었느니라"(전 1:9, 10).

정말 해 아래 새 것이 없다. 다시 말해 "지금 당면한 문제들이 이미 오래 전 세대에도 있었다"는 말은 정말 진리다.

지금 이 세대만 '승자독식'이나 '양극화' 문제로 고민하고 있는가? 지금 나만 이 일을 당하고 있는가? 그렇지 않다. 인류 역사 이래로 모든 세대, 모든 사람들도 한결같이 이 문제들로 고민했고 몸살을 앓았다. 그래서 시대마다 사람들은 이런 문제를 극복하려고 온갖 제도들을 도입했다.

오래 전 '군주주의'가 있었다. 군주주의 체제에서는 왕이 신의 대리자였으니, 사람들은 그에게 충성하고 복종하면 행복할 줄 알았다. 그러나 이런 기대는 실패했고, 결국 군주주의는 무너졌다. 그러자 이번에는 사람들이 '공산주의'에 환호했다. 사회주의 사상가이자 경제학자인 칼 마르크스(Karl Marx)는 1847년, 공산주의자동맹을 창설하고 이듬해인 프랑스 2월 혁명 직전에 프리드리히 엥겔스(Friedrich Engels)와 함께 '공산당 선언'을 발표했다. 그들의 취지는 이랬다. "사회적 불균형 문제를 극복하고 모두가 잘사는 사회를 만들어 보자!" 이에 사람들은 환호했다. 하지만 결과는 어떠했는가? 소련, 동구권, 북한 등 모두 실패하지 않았는가?

그러자 인류는 다시 '자본주의'라는 배로 바꿔 탔다. 자본주의, 특히 1970년대 후반 본격 도입된 시장 중심의 신자유주의 경제 체제는 개인과 기업의 혁신을 통해 국가의 부(富)를 늘리고 번영의 기틀을 마련하는 실적을 올렸다. 덕분에 세계 경제는 인류 역사상 가장 빠르게 성장했고, 수십억 인구가 절대 빈곤에서 벗어났다. '자본주의 대 공산주의'라는 두 체제 경쟁에서 자본주의가 최종 승리를 거둔 것처럼 보였다. '역사적 종말'이란 신조어까지 만들어 사용할 정도였다. 그런데 현실은 어떤가? '1대99'란 수치로 극명하게 나타난 소득 불균형, 곧 '양극화'가 인류를 통째로 삼키려 한다. 오늘날 인류는 이 진흙탕에서 허우적대고 있다.

이에 시장 경제의 전도사로서 세계경제포럼(WEF, 다보스 포럼)을 창립했던 클라우스 슈밥(Klaus Schwab) 회장은 2012년 1월 열린

연차 총회에서 자본주의의 한계를 이렇게 고백했다.

"우리는 죄를 지었다. 이제 자본주의 체제를 개선할 때가 되었다. 철 지난 자본주의 체제가 우리를 위기로 내몰았다. 단순한 시스템 정비가 아니라 새로운 모델이 필요하다."

자본주의 신봉자인 슈밥조차도 죄인을 자처할 수밖에 없을 만큼 자본주의 경제 체제는 지금 심각한 결함을 드러내고 있다.

이기적인 경쟁, 해법은 '나눔'

이런 사회적 불균형 문제에 대해 과연 성경은 어떤 해법을 제시하는가? 공산주의를 지지하는가? 아니다. 성경은 사유 재산을 인정한다. 그렇다면 자본주의를 지지하는가? 그것도 아니다. 성경은 승자 독식주의를 철저히 배격한다. 따라서 공산주의와 자본주의 둘 다 아니다. 그렇다면 성경이 제시하는 해법은 무엇인가? 굳이 이름을 붙인다면 공존주의(共存主義)다. 공존주의란 어떤 것인가?

느헤미야 5장 6-13절에 공존주의가 소개되고 있다. 느헤미야는 양극화 현상이 심각하게 대두되자 분노를 참지 못했다. 그렇다고 흥분한 나머지 경솔하게 행동하지 않았다. 먼저 차분히 생각했다. 하나님의 지혜를 구한 것이다. 느헤미야는 언제나 그랬다. 아닥사스다 왕이 질문을 던졌을 때도 급하게 답하지 않았다.

> "왕이 내게 이르시되 그러면 네가 무엇을 원하느냐 하시기로 내가 곧 하늘의 하나님께 묵도하고"(느 2:4).

느헤미야는 왕 앞에서도 마찬가지였다. 왕의 급작스러운 질문에 바로 대답하지 않고 하나님이 주시는 지혜를 먼저 구했다. 즉 하나님의 말씀, 성경으로 돌아간 것이다. 양극화 현상의 심각성을 뼈저리게 느낀 느헤미야는 제일 먼저 대회(大會)를 열었다(느 5:7). 귀족들과 민장들이 함께하는 자리를 마련했다. 느헤미야는 지금 막강한 총독이다. 하고자 하면 귀족들의 재산을 얼마든지 다 몰수할 수도 있다. 하지만 그렇게 하지 않았다. 그는 소통의 장을 마련했다. 그리고 귀족들을 만나 설득하고 깨우쳤다. 깨우치되 하나님의 말씀으로 깨우쳤다.

느헤미야가 가장 먼저 개혁하려 했던 것은 무엇인가? 형제간에 고리(高利)의 이자를 받는 것이었다. 그는 '가난한 형제에게 높은 이자를 취하는 것은 하나님이 기뻐하지 않는 행위'라고 지적했다. 성경 다른 곳에서도 이 사실을 분명하게 언급한다.

"네가 만일 너와 함께한 내 백성 중에서 가난한 자에게 돈을 꾸어 주면 너는 그에게 채권자같이 하지 말며 이자를 받지 말 것이며 네가 만일 이웃의 옷을 전당 잡거든 해가 지기 전에 그에게 돌려보내라 그것이 유일한 옷이라 그것이 그의 알몸을 가릴 옷인즉 그가 무엇을 입고 자겠느냐 그가 내게 부르짖으면 내가 들으리니 나는 자비로운 자임이니라"(출 22:25-27).

"네가 형제에게 꾸어 주거든 이자를 받지 말지니 곧 돈의 이자, 식물의 이자, 이자를 낼 만한 모든 것의 이자를 받지 말 것이라 타국인에게 네가 꾸어 주면 이자를 받아도 되거니와 네 형제에게 꾸어 주거든 이자를 받지 말라 그리하면 네 하나님 여호와께서 네가 들어가서 차지할 땅에서 네 손으로 하는 범사에 복을 내리시리라"(신 23:19, 20).

"네 형제가 가난하게 되어 빈손으로 네 곁에 있거든 너는 그를 도와 거류민이나 동거인처럼 너와 함께 생활하게 하되 너는 그에게 이자를 받지 말고 네 하나님을 경외하여 네 형제로 너와 함께 생활하게 할 것인즉 너는 그에게 이자를 위하여 돈을 꾸어 주지 말고 이익을 위하여 네 양식을 꾸어 주지 말라"(레 25:35-37).

그런데 당시 유대 귀족들과 민장들은 돈놀이를 했다. 단순한 돈놀이가 아니라 비싼 고리 대금업으로 부(富)를 쌓았다. 만약 돈을 갚지 않거나 이자를 체불하면 채무자의 자식들을 끌고 가 노예 혹은 첩으로 삼았다. 그런 무자비한 방법으로 재산을 모았다. 이자는 전형적인 불로소득이다. 일하지 않고 재산을 모으는 것은 하나님이 기뻐하지 않으신다. 이것은 진정 하나님을 두려워하지 않는 태도였다.

느헤미야는 이런 귀족들과 민장들을 향해 한 가지 방안을 제시했다.

> "그런즉 너희는 그들에게 오늘이라도 그들의 밭과 포도원과 감람원과 집이며 너희가 꾸어 준 돈이나 양식이나 새 포도주나 기름의 백분의 일을 돌려보내라 하였더니"(느 5:11).

귀족들과 민장들이 가진 재산의 백분의 일을 일반 백성들에게 돌려보내라는 제안이었다. 여기 '백분의 일'에 대해서는 두 가지 해석이 있다. 하나는 문자 그대로 모든 재산의 백분의 일이다. 다른 하나는 1퍼센트라는 당시 월리(月利)로서 연 12퍼센트를 가리킨다는 해석이다(D. Boumann).

어떤 식으로 해석하든, 핵심은 과도한 이윤을 취하지 말고 나누라는 것이다. 누구와 나누라는 것인가? 가난한 형제들과 나누라는 것이다.

느헤미야는 반드시 이렇게 해야만 하는 이유를 설명한다. 이스라엘 백성은 '하나님을 경외하는' 자들이기 때문이다(느 5:9). 즉 느헤미야서의 주제에서 알 수 있듯이, 이렇게 나누는 것이 여호와를 기뻐하는 것이기 때문이다. 만일 그렇게 하지 않으면 어떻게 된다고 선언하는가?

> "내가 옷자락을 털며 이르기를 이 말대로 행하지 아니하는 자는 모두 하나님이 또한 이와 같이 그 집과 산업에서 털어 버리실지니 그는 곧 이렇게 털려서 빈손이 될 지로다 하매 회중이 다 아멘 하고 여호와를 찬송하고 백성들이 그 말한 대로 행하였느니라"(느 5:13).

나누지 않는 자들은 하나님께서 빈손이 되게 하실 거라고 엄중하게 경고한다. 결국 이 제안에 귀족들과 민장들은 모두 동의했다.

> "그들이 말하기를 우리가 당신의 말씀대로 행하여 돌려보내고 그들에게서 아무것도 요구하지 아니하리이다 하기로 내가 제사장들을 불러 그들에게 그 말대로 행하겠다고 맹세하게 하고"(느 5:12).

이들이 실제로 행동으로까지 옮겼는지는 정확히 알 수 없다. 하지만 '돌려보내는 것'이 이들이 처한 상황을 해결하는 첫 출발점이었음은 분명하다. 나눔이 곧 문제 해결의 열쇠라는 말이다.

나눔, 가장 창조적인 힘

'석유왕'이라고 불리는 존 록펠러(John Rockefeller, 1839-1937)는 미국 역사상 최고 부자로 꼽히는 인물이다. 19세기 중엽, 석유를 증류하면 다양한 물질을 얻을 수 있다는 사실이 밝혀졌다. 록펠러는 이 사업에 뛰어들어, 스탠다드 석유회사(Standard Oil Company)를 설립했다. 그의 사업 방식은 효율성, 공격성, 잔인성이었다. 즉 효율을 위해서는 무자비한 공격도 마다하지 않았다. 때로는 경쟁자들을 축출하기 위해 원가 아래로 가격을 낮추어 다른 정유 업소들을 잡아먹었다. 이처럼 석유업계를 독점적으로 지배한 후 드디어 엄청난 이익을 챙겼다. 그러면서 입법부를 매수했고, 광산 노동자의 파업을 무자비하게 진압하면서 많은 사상자를 내기도 했다. 그런 식으로 부를 축적했으니 미국인들이 가장 증오하는 인물이 된 것은 당연한 일인지 모른다.

그런 그에게 사건이 터졌다. 한창 승승장구하던 55세의 나이에 불치병으로 1년 이상 살지 못한다는 사형 선고를 받은 것이다. 그러던 어느날, 최후 검진을 받기 위해 휠체어를 타고 병원으로 들어가던 중 로비에 걸린 액자를 보았다. 거기에는 다음과 같은 글이 적혀 있었다.

"주는 것이 받는 것보다 복이 있다"(행 20:35).

이 말씀을 본 순간, 록펠러는 엄청난 전율을 느꼈다. 이때 마침 병든 소녀를 데리고 내려온 어머니가 입원비가 없어 입원 수속 창구 앞에서 애걸하고 있었다. 그는 이 소리를 듣게 되었다. 바로 비서에게 입원비를 대신 내주게 하고 이를 비밀에 부쳤다. 얼마 후 소녀는 기적처럼 회복되었다. 그는 후일 자서전에 "살면서 이렇게 행복한 삶이 있는지 몰랐다"고 썼다.

이후 그는 자선가로 변신했다. 교회에 수입의 십일조를 온전히 드렸다. 명문으로 알려진 시카고 대학교(University of Chicago)를 위시해 학교도 열두 개나 세웠다. 그리고 1913년에는 록펠러 재단(Rockefeller fundation)까지 설립하게 되었다. 록펠러는 남의 돈을 빼앗고 다른 사람들의 삶을 파괴하며 살았던 세월보다 베풀면서 산 시간이 더 행복했다고 고백했다. 55세에 사형 선고를 받았던 그는 놀랍게도 98세까지 살았다.

"긍휼을 행하지 아니하는 자에게는 긍휼 없는 심판이 있으리라 긍휼은 심판을 이기고 자랑하느니라"(약 2:13).

다산(茶山) 정약용 선생은 참 재미난 말을 했다. 그에게서 재물을 오래도록 숨겨 두는 방법을 들어보자.

"무릇 재물을 비밀스레 간직하는 것은 베풂만 한 것이 없다. 내 재물로 어려운 사람을 도우면, 흔적 없이 사라질 재물이 받은 사람의 마음과 내 마음에 깊이 새겨져 변치 않는 보석이 된다."

사라질 재물이 영원한 보석이 되는 비밀은 베풀어 본 사람만이 알 것이다.

최근 한 분이 목양실을 찾았다. 5천만 원이 든 봉투 두 개를 내놓았다. 하나는 열심히 공부하는 학생들에게 장학금으로 지원해 달라고 했고, 다른 하나는 어려운 노인들을 돕거나 장애 시설을 잘 선정해서 지원해 달라고 부탁했다. 이름을 밝히고 싶지 않으니 교회가 알아서 처리해 달라는 부탁까지 했다. 특별히 수입이 있는 분도 아니었다. 그런데 그 동안 모은 돈을 아낌없이 내놓은 것이다. 마음에 큰 감동이 왔다.

그분처럼 큰 돈을 나누라는 말이 아니다. 지금 있는 자리에서 작은 것부터 실천해 보자.

나는 여행을 떠날 때마다 가까운 곳이라도 책을 두어 권씩 가방에 넣어 간다. 오가면서 읽는 것이 첫째 목표이지만, 읽고 난 후 그곳에서 만난 누군가에게 나눠 주기도 하기 때문이다. 최근 교회에서 남제자반 졸업 여행으로 일본 오키나와에 다녀왔다. 이번에도 마찬가지였다. 혜민 스님이 쓴 『멈추면 비로소 보이는 것들』(쌤앤파커스, 2012)이라는 책을 읽고 있었는데, 돌아오는 길에 가이드에게 선물을 했다. 그 책 속에 나오는 한 내용이다.

"다른 사람을 도와주고 그것을 언젠가는 돌려받아야겠다는 마음이 남아 있으면 도와준 것이 아닙니다. 잠시 맡겨 놓은 것입니다. 준다는 것은 받을 것을 생각하지 않는 것이고, 준 것을 내 마음대로 조정하지 못할 때 진정으로 준 것입니다."

"사랑은 같이 있어 주는 것, 언제나 따뜻한 마음으로 이야기를 들을 준비가 되어 있는 것, 그를 믿어 주는 것, 사랑하는 그 이유 말고 다른 이유가 없는 것, 아무리 주어도 아깝지 않은 것, 그를 지켜봐 주는 것입니다."

비록 스님이 쓴 책이지만 믿는 우리에게도 교훈이 된다.

얼마 전 우리 교회를 방문한 올로안(Oloan) 목사와 안톤(Anton) 목사의 글이 생각난다. 우리 교회 회지에 실린 그 글을 소개한다.

"더욱 감동적인 것은 옥성석 목사님의 따뜻한 배려였어요. 전날 새벽 1시 30분에 출발해 그 다음 날 아침이 되서야 한국에 도착한 우리는 굉장히 피곤했고 너무나 추웠습니다. 그런데 목사님은 '피곤할 테니, 어서 한

국식 목욕탕을 경험해 보고 숙소로 가라'고 하셨습니다.

목욕탕이라는 곳에 들어갔을 때 저는 조금 부끄러웠어요. 모든 사람이 다 벗고 있는 게 아닙니까? 더욱이 온도가 36-41도 되는 탕에 들어가는 것은 너무 힘들었어요. 사실 다 함께 벗고 들어가 뜨거운 물로 목욕한 것은 제 인생에 첫 경험이었기 때문입니다. 하지만 목욕을 마치고 나니 얼마나 상쾌하고 피곤이 확 풀리던지요! 목욕탕 경험을 세 번이나 하고 나니 나중엔 더 가고 싶을 정도가 되었습니다.

목욕 후 옥 목사님께서는 우리를 바로 마트로 데리고 가 두꺼운 모자와 목도리, 그리고 내복(레깅스 같은 것)을 사 주셨는데 정말 감동이었습니다. 사실, 인도네시아에서는 레깅스 같은 바지는 여자들만 입는 것으로 알고 있었는데, 한국에서는 남자들도 입는다는 것을 알고 숙소에서 서로 입어 보고 얼마나 웃었는지 모릅니다. 충정교회의 초청을 받고 하나님께 감사할 이유가 더 많아졌습니다. 고급 레스토랑과 식당에서 다양한 먹거리를 즐길 수 있던 것도 제게는 하나님의 크신 은혜였습니다. 앞으로 1년 아니 2년 정도는 금식도 할 수 있을 것 같습니다.

충정교회 모든 성도님들과 옥성석 목사님, 또한 장로님들을 통해 인도네시아 수마트라(Sumatra) 섬, 작은 마을 출신의 이 부족한 종이 국빈 예우를 받은 것은 다 하나님의 크신 은혜였습니다. 인도네시아에서는 볼 수 없는 스키장에 가서 스키도 타고, 아름다운 한강을 따라 자전거를 탄 추억은 잊지 못할 것입니다. 한편 철원의 비무장 지대와 휴전선, 기도원 집회와 새벽 기도회의 경험은 제게 큰 충격이었습니다. 평생 간직할 하나님의 은혜입니다."

느헤미야서를 읽으며 '여호와를 기뻐하는 것, 힘이니라'는 표어로 날마다 하루를 시작하라. 무엇이 여호와를 기뻐하는 것인가? 내 곁에 있는 약한 자들을 돌아보고, 그들에게 긍휼을 베푸는 것이다. 베푸는 자들에게 하나님은 힘을 주실 것이다.

"삼가 이 작은 자 중의 하나도 업신여기지 말라 너희에게 말하노니 그들의 천사들이 하늘에서 하늘에 계신 내 아버지의 얼굴을 항상 뵈옵느니라"(마 18:10).

지금 어떤 문제를 안고 있는가? 어떻게 그 문제를 해결할 것인가? 해결의 열쇠는 당신에게 있다. 그렇다. 나눔이다. 모으면 혈관이 막힌다. 그러나 비우면 혈관이 뚫린다. 문제가 해결된다. 예수님은 "자기를 비워"(빌 2:7) 비움의 삶을 사셨다. 예수님처럼 비움의 삶을 사는 자에게 주님은 함께하신다. 그런 자들의 삶에 역사하신다. 그분의 긍휼을 입기 원하는가? 그렇다면 우리 자신을 먼저 비워 보자. 그러면 긍휼을 맛보게 될 것이다. 참 행복이 무엇인지도 알게 될 것이다. 더불어 기적도 체험하게 될 것이다.

"오직 너희는 원수를 사랑하고 선대하며 아무것도 바라지 말고 꾸어 주라 그리하면 너희 상이 클 것이요 또 지극히 높으신 이의 아들이 되리니 그는 은혜를 모르는 자와 악한 자에게도 인자하시니라"(눅 6:35).

6장

불완전한 순간을 완전한 선택으로 바꾸라

느헤미야 6:1-9

 우리나라 사람이라면 누구나 안톤 오노(Anton Ohno)를 기억할 것이다. 쇼트트랙 선수 오노 말이다. 오노는 일본인과 미국인 사이에서 태어나 미국 시민권을 가졌기에 엄격히 따지면 미국인이다. 하지만 우리는 '오노' 하면 일본을 떠올린다. 2002년 제19회 솔트레이크시티(Salt Lake City) 동계 올림픽에서 있었던 일 때문이다. 1,500미터 결승에서 한국의 김동성 선수에 이어 2위로 골인한 오노가 갑자기 두 손을 뻔쩍 치켜들었다. 자신이 진로를 방해당했다는 제스추어, 그야말로 할리우드 액션이었다. 결국 김동성 선수는 실격당하고 금메달은 오노에게 돌아갔다.

악연은 계속 이어졌다. 이 대회 1,000미터 결승에서 중국의 리자준 선수와 몸싸움을 벌이다 이번에는 한국의 안현수 선수를 붙잡고 넘어지는 바람에 한국은 또 금메달 하나를 놓치고 말았다. 그러면서도 적반하장, 상대 선수에게 미안해하기는커녕 "또 한 번 실격패가 나오길 기다렸다"는 발언까지 서슴지 않았다. 이때부터 '오노'라는 이름은 우리에게 공공의 적이 되었다.

오노 선수가 실제로 어떤 성향의 소유자인지 잘 모른다. 하지만 그가 링크 위에서 한 행동이나 발언들을 보면 무척 얄미운 선수임에 틀림없다. 남이 잘되는 것을 못 봐 걸어 넘어뜨린다. 게다가 나보다 앞서 가는 자를 붙잡아 뒹굴고, 거짓 액션을 마다하지 않는다. 이런 식으로 상대방의 면류관을 빼앗고도 오히려 상대가 밀려나는 것을 보고 즐긴다. 그래서인지 그는 비열한 선수로 우리 뇌리에 또렷이 남아 있다.

믿음을 갉아 먹는 반칙자들

비록 우리가 육체적으로 운동선수는 아니지만, 모두 믿음의 경주장에서 경주하는 자들이다. 그야말로 면류관을 향해 치열하게 달려가고 있다. 그렇다면 이 경주장에는 오노 같은 사람이 없을까? 느헤미야 6장에 보면 한 지명이 등장하는데, 그 이름이 공교롭게도 '오노'(느 6:2)다. '오노' 그곳에 지금 몇 명이 웅크리고 앉아 음모를 꾸미고 있다. 도대체 누구인가?

바로 '산발랏'을 중심으로 한 몇몇 무리들이다(느 6:1). 이들은 느헤미야 2장 10절부터 이미 머리를 내밀기 시작했다. 페르시아에서 돌아온 느헤미야서를 중심으로 예루살렘 성을 재건하기 시작했다는 소문을 듣고 처음에는 반신반의했을 터다. 속으로는 '너희가 뭘 한다고 그래?' 하며 냉소적으로 코웃음칠 정도였다. 그런데 성곽 재건이 척척 진행되는 것이 아닌가? 그러자 본격적으로 방해 공작에 나선다. 느헤미야 4장에 기록되어 있다.

먼저 느헤미야의 사역을 비웃는다.

> "자기 형제들과 사마리아 군대 앞에서 일러 말하되 이 미약한 유다 사람들이 하는 일이 무엇인가, 스스로 견고하게 하려는가, 제사를 드리려는가, 하루에 일을 마치려는가 불탄 돌을 흙무더기에서 다시 일으키려는가 하고"(느 4:2).

여기에 '도비야'라는 자도 합세해 맞장구친다. "너희들이 건축하는 돌 성벽은 여우가 올라가도 무너질 것이다." 이렇게 말하면서 성벽 재건을 방해한다. 그들은 서슴지 않고 성을 요란케 한다(느 4:8, 11).

그래도 느헤미야는 낙심하지 않는다. 계속해서 앞으로 달려 나간다. 그러자 산발랏은 본격적으로 자신의 본색을 드러낸다.

"산발랏과 도비야와 아라비아 사람 게셈과 그 나머지 우리의 원수들이 내가 성벽을 건축하여 허물어진 틈을 남기지 아니하였다 함을 들었는데 그때는 내가 아직 성문에 문짝을 달지 못한 때였더라"(느 6:1).

그때가 언제인가? 성문 수리, 성벽 건축으로 허물어진 틈을 남기지 않고 다 완성했지만, 성문에 아직 문짝을 달지 못했다. 산발랏은 이 조그만 빈틈, 곧 약점을 놓치지 않고 그쪽으로 파고들어 행동을 개시했다. 이들이 뭐라고 말하는가?

"산발랏과 게셈이 내게 사람을 보내어 이르기를 오라 우리가 오노 평지 한 촌에서 서로 만나자 하니 실상은 나를 해하고자 함이었더라"(느 6:2).

느헤미야에게 오노 평지로 오라고 압박하는 것이 아닌가? 이에 느헤미야는 어떻게 반응하는가?

"내가 곧 그들에게 사자들을 보내어 이르기를 내가 이제 큰 역사를 하니 내려가지 못하겠노라 어찌하여 역사를 중지하게 하고 너희에게로 내려가겠느냐 하매"(느 6:3).

자기들의 요청을 거부하자 무리들은 무려 네 번이나 '오라'고

끈질기게 요청한다(느 6:4). 그래도 거절하자 산발랏은 어떻게 하는가? 이제 정말 치사한 방법까지 동원한다.

> "산발랏이 다섯 번째는 그 종자의 손에 봉하지 않은 편지를 들려 내게 보냈는데 그 글에 이르기를 이방 중에도 소문이 있고 가스무도 말하기를 너와 유다 사람들이 모반하려 하여 성벽을 건축한다 하나니 네가 그 말과 같이 왕이 되려 하는도다 또 네가 선지자를 세워 예루살렘에서 너를 들어 선전하기를 유다에 왕이 있다 하게 하였으니 지금 이 말이 왕에게 들릴지라 그런즉 너는 이제 오라 함께 의논하자 하였기로"(느 6:5-7).

여기서 '봉하지 않은 편지'란 무엇을 뜻하는가? 편지 내용이 이미 공개되었다는 말이다. 곧 느헤미야에 대한 소문을 다 퍼뜨렸다는 협박이다. "너는 대제국 페르시아 황제 폐하를 배신한 것도 모자라 스스로 왕이 되려고 성벽을 건축하고 있다. 이 소문이 지금 퍼져 나가고 있다. 곧 황제 폐하의 귀에까지 들릴 것이다. 그러니 어쩔 것이냐? 좋게 말할 때 오라." 더욱이 "이렇게 말해도 안 올 것이냐?" 하며 겁까지 준다.

혹시 이런 황당한 일을 당해 본 적이 없는가? 나와 관련해 전혀 근거 없는 악성 루머가 나돌 때 심정은 어떠하겠는가? 분명 맥이 탁 풀리고 다리가 후들후들 떨릴 것이다. 두려움이 엄습해 사람들조차도 만나기 싫어질 것이다. 하던 일도 집중하지 못하고 결국 손에서 놓게 될 것이다. 거기다 잠 못 이루는 날도 많아질 것이다.

지금 산발랏은 악성 루머를 퍼뜨리고 있다. 산발랏이 누구인가? 한때 지방 장관이요, 총독이었던 자가 아닌가? 그러니 어느 정도 힘이 있었을 터이요, 따르는 세력도 꽤 있었을 것이다. 그런 사람이 주도해서 자신을 모함하니 느헤미야는 얼마나 부담이 되며, 신경이 쓰이고, 스트레스를 받았겠는가? 이는 자신의 생명과 직결되는 문제 아닌가?

우리가 이 과정에서 눈여겨보아야 할 부분이 있다.

첫째, 오노 평지의 위치다. 학자들은 오노 평지를 욥바 항구에서 남동쪽으로 약 11킬로미터 떨어진 한적한 광야로 보고 있다. 사람이 살지 않고, 풀도 자라지 않는 메마른 광야다. 즉 인적이라곤 찾을래야 찾을 수 없는 외딴 들판이다. 예루살렘에서는 20킬로미터 이상 멀리 떨어진 곳이다. 그러니까 사마리아가 연고지인 산발랏에게도, 예루살렘에서 일하는 느헤미야에게도 아무 연고가 없는 외딴 곳이다. 그런데 산발랏이 지금 자기 집을 떠나 외딴 그곳에 가 있다. 느헤미야에게도 그곳으로 오라고 끈질기게 요구하고 있다. 하지만 느헤미야는 오노로 가지 않기 위해 버틴다. 한마디로, 지금 오노 평지를 놓고 치열한 싸움이 벌어지고 있는데, 한쪽은 오노로 끌고 가려 하고, 다른 한쪽은 그쪽으로 가지 않겠다고 버티고 있는 형국이다.

둘째, '산발랏의 속마음이 무엇인가' 하는 부분이다. 산발랏은 왜 느헤미야를 오노 평지로 유인하려는 것인가? 한편 느헤미야는 왜 오노 평지에 가지 않으려고 애쓰는 것인가? 더 나아가, 오노 평지를 놓고 싸우는 이 현장이 오늘 영적 전투, 영적 경기에 임하는 우리에게 주는 교훈은 무엇인가?

생각해 보라. 만약 느헤미야가 산발랏의 요구에 응하고자 한다면 어떡해야겠는가? 첫째, 지금까지 하던 일을 놓아야 한다. 둘째, 지금까지 함께하던 형제들과 헤어져야 한다. 셋째, 지금까지 몸담았던 예루살렘을 떠나야 한다.

결국 산발랏은 지금 느헤미야에게 이 세 가지를 요구한다. "하던 일을 놓아라. 형제들과 헤어져라. 예루살렘을 떠나라." 이 목적을 달성하기 위해 한두 번도 아니고 네 번이나 사람을 보내 끈질기게 협박하고 있다. 말도 안 되는 유언비어로 상대방의 기를 꺾고 있다.

사탄, 힘의 방해꾼

이 산발랏의 전략을 '오노 전략'이라고 부르고 싶다. 그런데 이 오노 전략은 우리를 향한 사탄의 전략과 기가 막히게 일치한다. 사탄은 어떤 존재며, 어디에 있으며, 어떤 저의를 갖고 있는가?

"더러운 귀신이 사람에게서 나갔을 때에 물 없는 곳으로 다니며 쉬기를 구하되 쉴 곳을 얻지 못하고"(마 12:43).
"여호와께서 사탄에게 이르시되 네가 어디서 왔느냐 사탄이 여호와께 대답하여 이르되 땅을 두루 돌아 여기저기 다녀왔나이다"(욥 1:7).
"근신하라 깨어라 너희 대적 마귀가 우는 사자같이 두루 다니며 삼킬 자를 찾나니"(벧전 5:8).

사탄은 마치 산발랏과 같이 집을 떠나 이리저리 헤매며 돌아다니는 존재다. 그러면서 우리를 자기 있는 곳으로 유인해 삼키려 한다. 오노 평지는 사탄의 주(主)무대와 같다. 사탄은 그곳으로 믿음의 자녀들을 끌어 내려 한다. '오노 전략'이야말로 사탄의 핵심 전략이다. 좀 더 자세히 살펴보자.

첫째, 사탄은 지금 내가 하는 일, 즉 사역을 그만두게 한다.

예수님은 빌립보 가이사랴 지방에 이르러 비로소 제자들에게 당신이 십자가를 지고 죽임 당할 것이라고 말씀하셨다. 그러자 베드로가 뭐라고 말했는가?

"베드로가 예수를 붙들고 항변하여 이르되 주여 그리 마옵소서 이 일이 결코 주께 미치지 아니하리이다"(마 16:22).

그때 주님은 이렇게 단호히 말씀하셨다.

"예수께서 돌이키시며 베드로에게 이르시되 사탄아 내 뒤로 물러가라 너는 나를 넘어지게 하는 자로다 네가 하나님의 일을 생각하지 아니하고 도리어 사람의 일을 생각하는도다 하시고"(마 16:23).

사랑하는 제자에게 왜 그렇게 엄하게 말씀하셨을까? 예수님은 사탄의 전략을 읽으셨기 때문이다. 우리는 여러 분야에서 맡은 바 일을 감당하며 살아간다. 그런데 사탄은 어떻게 해서든지 우리가 하는 일을 그만두게 하려고 애쓴다. 이른바 '오노 전략'을 구사한다. 다양한 방법을 동원한다. 일을 어렵게 만들며, 마음을 상하게 하고, 때로는 두려움에도 휩싸이게 한다. 결국 하던 일을 그만두게 만든다. 이게 오노 전략이다. 그러다가 그만두면 자기 합리화를 한다. 회사와 회사 구성원에게 억한 감정을 가진다. 좋은 이야기를 할 리 없다. 교회를 섬기는 일도 마찬가지다. 그만두면 이런저런 이유를 만들어 불평하고 또 원망한다.

둘째, 사탄은 지금 내가 교제를 나누는 형제와 헤어지게 만든다. 관계를 뒤틀어서 서로 점점 멀어지게 한다. 다른 사람들은 열심히 일하고 있는데, 혼자 손을 놓아 버렸으니 점점 교제의 폭이 좁아진다. 나중에는 같이 불평하는 몇몇 사람과만 내통하는 꼴이 된다. 사람들 사이에 나타나지 않고 오히려 자꾸 피하다가 결국 혼자가 되고 만다.

이런 사탄의 전략에 가룟 유다는 걸려들고 말았다. 가룟 유다에게 사탄이 들어간 것이다(요 13:2, 27). 그러자 그는 어떤 행동을 했는가? 예수님이 베푸시는 성만찬의 떡을 받고도 제자 공동체를 떠나 버렸다.

"유다가 그 조각을 받고 곧 나가니 밤이러라"(요 13:30).

마지막으로, 사탄은 지금 내가 예배하는 곳 예루살렘, 즉 교회를 떠나게 만든다.

사탄의 전략에 말려들면 여기저기를 방황하게 된다. 한 곳에 정착하지 못하고 배회한다. 황량한 벌판에 던져진 것처럼 여기서도, 저기서도 적응하지 못한다. 어느 곳에 가든지 자꾸 문제만 보인다. 불평만 늘어놓다가 인생을 마치고 만다.

"너 아침의 아들 계명성이여 어찌 그리 하늘에서 떨어졌으며 너 열국을 엎은 자여 어찌 그리 땅에 찍혔는고"(사 14:12).

이렇듯 사탄은 수단과 방법을 가리지 않고 우리를 유혹해 섬김의 사역에서 손을 떼게 만든다. 또한 믿음의 형제와 나누는 교제에서 멀어져 외톨이가 되게 한다. 더욱이 교회에서 점점 멀어지게 한다. 이 과정에서 사탄은 사람을 동원하고, 주변 환경도 그렇게 만든다. 사탄은 자존심, 거짓말, 협박, 오해, 공갈, 때로는 그럴듯한 헛소문에 귀를 솔깃하게 만들어 오노 평지, 곧 사탄의 아지트로 우리를 유인한다.

하지만 느헤미야는 이 전략에 말려들지 않았다. 느헤미야는 수산 궁을 포기하고, 예루살렘을 택했다. 이것이야말로 하나님을 기뻐하는 것이라고 믿었다. 자신의 선택에 조금도 흔들림이 없었다. 산발랏이 오노 전략을 동원해 느헤미야를 가까스로 유인하려 했지만, 그는 예루살렘에 뿌리를 깊게 내린 나무같이 흔들리지 않았다.

불완전한 순간 VS 완전한 선택

프랑스의 유명한 철학자 장 폴 사르트르(Jean Paul Sartre)는 "인생은 B와 D 사이의 C다"라고 말했다. 여기서 B란 '탄생'(Birth)을 말하며, D는 '죽음'(Death)을 말하고, 그 사이의 C는 '선택'(Choice)을 뜻한다. 인간이란 태어나서 죽을 때까지 매일 뭔가를 선택하며 살아가는 자들이란 뜻에서 한 말인 듯하다.

테리 웰링(Terry Walling) 박사는 좀 더 구체적으로 인생을 네 단계로 나눠 설명한다. '진입', '평가', '정렬', '방향'이라는 단계다. 우리는 대부분 이 네 단계를 거치며 살아간다. 이 네 단계 사이에 중요한 전환점이 있다. 제1전환기는 '깨달음'의 시기로, 약 25-29세 사이에 맞이한다. 제2전환기는 '결정'의 시기로, 약 38-42세 사이에 맞이한다. 제3전환기는 '마무리'의 시기로, 약 57-66세 사이에 맞이한다.

기억해야 할 것은 전환기마다 위기가 찾아온다는 사실이다. 이 위기를 잘 판단하고, 지혜롭게 넘겨야 한다. 특히 제3전환기는 대단히 중요하다. 그러기에 이 시기에는 사탄의 유혹이 더 집요하다. 여기서 자칫 잘못하면 더는 회복할 수 있는 기회가 없다. 따라서 인생을 잘 마무리해야 한다. 더욱 하나님 앞에 기도해야 한다. 느헤미야는 늘 깨어 기도했고, 그때마다 하나님이 주시는 담대함과 지혜로 위기를 극복해 나갈 수 있었다.

"이제 내 손을 힘 있게 하옵소서"(느 6:9).
"나를 두렵게 하고자 한 자들의 소행을 기억하옵소서"(느 6:14).

오늘날 우리도 마찬가지다. 사탄은 세 가지 오노 전략으로 변함없이 다가온다. 어떻게든 내가 지금 감당하는 섬김의 자리에서 일을 놓게 만든다. 형제와 함께 교제하는 것도 멈추게 만든다. 더 나아가 예루살렘, 즉 하나님의 교회에서 점점 멀어지게 만든다. 그러므로 이 사탄의 '오노 전략' 앞에 단호하게 "오, 노!"(Oh, No)라고 대답해야 한다. 사탄이 "일을 그만 놓아!"라고 하면 "오, 노!" 하고 거부하라. "사람들과 헤어져!"라고 하면 또 "오, 노!" 하고 거절하라. "교회에서 떠나!"라고 하면 "오, 노!" 하고 단호히 거절하라.

여호와를 기뻐하는 것, 과연 무엇인가? 일을 그만두는 것인가? 형제와 헤어지는 것인가? 예루살렘을 떠나는 것인가? 아니다.

하나님은 우리가 사명을 기쁨으로 감당하기를 원하신다(요 17:4). 또한 하나님은 형제가 연합하여 동거하는 것을 원하신다(시 133편). 더 나아가 하나님은 우리가 아버지의 집에 영원히 거하길 원하신다.

"마리아는 이 좋은 편을 택하였으니 빼앗기지 아니하리라"(눅 10:42).

날마다 하나님이 주시는 지혜로 바른 선택을 하라! 그분이 기뻐하시는 삶을 살므로 그 풍성함에 거하라!

7장
위조된 힘 앞에서 더욱 담대하라

느헤미야 7:1-7

얼마 전 교회 성도들과 함께 일본 오키나와에 다녀왔다. 1941-1945년까지 일본과 연합국 사이에 벌어진 태평양 전쟁에서 최대 격전지였던 이 섬은 전쟁 이후 1972년까지 27년 동안 미국령이었다. 지금도 미군 기지는 그대로 있다.

태평양 전쟁 당시 이 섬은 무려 20만 명 이상 되는 전사자들의 피를 삼켰다. 그래서인지 정부에서는 섬 남쪽, 깎아지른 듯 절벽이 아득히 펼쳐지는 드넓은 벌판 위에 평화공원을 조성해 놓았다. 그 이유는 전사자들이 결사의 각오로 적과 싸우다 바로 이곳에서 절벽을 뒤로한 채 천길만길 낭떠러지로 떨어져 장렬히 전사했기 때문이다.

오키나와를 둘러보면서 몇 가지 장면이 인상에 남았다. 하나는 전사자들의 이름이 빼곡히 새겨진 1.5미터 높이의 비석들이었다.

자세히 보니 그 비석에는 일본뿐 아니라 한국, 조선 인민공화국(북한), 심지어 미국의 전사자들까지 새겨져 있었다. 일본에게 미국은 적국이 아닌가? 그런데 이 비석에는 피아(彼我)의 구분없이 신원이 밝혀진 이들의 이름이 새겨져 있었다.

다른 하나는 이렇다. 비석에 이미 새겨진 이름이 흐릿해지지 않도록 매일 일꾼을 투입해 이 이름들을 더 또렷하게 파고 있었다. 이 광경을 보니 문득 이런 생각이 들었다. '생명을 던진 이들의 이름이 오랫동안 기억되겠구나!' 그리고 이내 발길을 돌렸다.

한편 태릉에 위치한 육군 사관학교에서 본 몇 광경도 인상에 남는다. 육군 사관학교는 처음 50만 평으로 조성되었는데, 지금은 그 규모가 좀 줄어들었다. 이 학교에는 이곳저곳 둘러볼 만한 곳이 많은데, 그중 하나가 '강재구 소령의 동상'이다. 그가 누구인가? 그는 월남전 당시, 부하가 수류탄을 잘못 던진 것을 알고, 그 수류탄이 터지기 직전 자기 몸을 던져 부하들을 살렸다. 그래서 이런 그의 행동을 귀감으로 삼자는 뜻으로 동상까지 만든 것이다.

또 하나는 '교훈탑'이다. 이곳에는 육사 졸업생들의 이름이 각 기수별로 새겨져 있었다. 제2기 박정희, 제11기 전두환, 노태우 등 역대 대통령들의 이름도 보였다. 작년에 졸업한 제68기까지 이름 하나하나가 동판에 또렷이 새겨져 있었다. 이 이름은 확고한 국가관을 바탕으로 지덕체와 문무를 겸비한 인재임을 증명하는 표식이 아니겠는가? 이들은 분명 긍지와 자부심을 가질 것이다.

성경 느헤미야에도 유독 많은 이름이 새겨져 있다(6, 7, 10장). 여기에 새겨진 이름들은 평화공원의 비석에 새겨진 이름, 육사의 교훈탑 동판에 새겨진 이름과 비교할 수 없다. 하나님의 말씀인 성경에 새겨졌기 때문이다.

하지만 이런 본문을 대하면 사실 곤혹스럽다. 우선 읽기가 참 어렵다. 잠이 온다는 이유로 그냥 덮어 버리거나 건너뛰기 쉽다. 이름들의 나열이 무미건조해 보인다. 여기서 어떤 메시지를 발견할 수 있는가? 느헤미야 강해집들을 들추어 보아도 이름들이 나열된 7장은 슬그머니 넘어가는 것이 대부분이다. 하지만 이렇게 기록해 둔 것에는 이유가 있을 것이다. 느헤미야 7장을 진지하게 다시 읽어 보았다. 이 구절들을 통해 성령님이 들려주시는 음성을 듣기 원했다. 성령께서는 친히 나를 말씀 속으로 이끄셨다. 성령님이 가르쳐 주신 것들을 함께 나누기 원한다.

두 개의 비문

느헤미야 7장을 살피려면 꼭 참고해야 할 다른 성경이 한 권 있다. 바로 앞의 '에스라'이다. 원래 성경 에스라와 느헤미야는 한

권이었다. 그래서 느헤미야의 저자가 '에스라'라는 주장도 제기되고 있다. 하지만 성경 느헤미야는 1인칭으로 기술하고 있다. 당사자 느헤미야가 기록했다는 뜻이다. 그러므로 성경 에스라는 에스라가, 느헤미야는 느헤미야가 기록한 것이 틀림없다. 다만 이 두 책은 서로 밀접하게 연관되어 있기에 함께 읽어야 한다.

특히 느헤미야 7장은 에스라 2장과 깊이 연관되어 있다. 똑같은 사건을 다루며 사람들의 이름, 족보, 숫자 등을 나열하고 있기 때문이다. 그런데 두 부분을 비교하면 그냥 지나칠 수 없는 차이가 발견된다.

먼저, 에스라를 살펴보자.

"바로스 자손이 이천 백칠십이 명이요."(스 2:3).

여기 나오는 사람들은 모두 몇 명쯤 되는가? 계속 읽다 보니, 에스라 2장 64절은 "온 회중의 합계가 사만 이천삼백육십 명이요"라고 말하고 있다. 과연 그런가? 계산기로 하나씩 더해 보았다. 그런데 놀랍게도 2만 9,177명이었다. 64절 말씀대로라면 4만 2,360명이어야 하는데, 뭔가 이상하다.

다음은 느헤미야를 살펴보자. 느헤미야 역시 똑같이 시작한다.

"바로스 자손이 이천 백칠십이 명이요"(느 7:8).

그럼 여기에 언급된 사람들은 모두 몇 명일까? 느헤미야 7장 66절은 "온 회중의 합계는 사만 이천 삼백육십 명이요"라고 말하고 있다. 이것도 과연 맞을까? 계산기를 두드려 보니, 여기에 새겨진 사람들은 총 3만 451명이었다. 에스라 2장과 마찬가지로 전체 합계가 맞지 않는다.

여기서 더 자세히 살펴보자. 그 안에 나열된 족속들의 숫자도 들쑥날쑥이다. 에스라에서는 아라 자손을 775명(스 2:5), 느헤미야에서는 652명이라고 밝힌다(느 7:10). 그리고 에스라에서는 삿두 자손을 945명(스 2:8), 느헤미야에서는 845명이라고 밝힌다(느 7:13). 또한 에스라에서는 아스갓 자손을 1,222명(스 2:12), 그런데 느헤미야에서는 2,322명이라고 밝힌다(느 7:17). 그러면서 실제로는 그렇지 않은데도 전체 숫자의 합계가 4만 2,360명이라고 마무리한다(스 2:64; 느 7:66).

또 본문을 더 깊이 읽어 보니 두 가지 의문이 생긴다.

첫째, "왜 느헤미야는 에스라와 똑같은 내용을 반복해서 기록하고 있는가?"

당시는 인쇄술이나 종이 같은 것은 생각조차 할 수 없던 시대였다. 그래서 파피루스나 양피지, 아니면 돌 같은 것에 글자를 새겼다. 그러므로 글자 한 자를 써서 남긴다는 것은 보통 일이 아니었다. 어쩌면 '새긴다'는 표현이 더 정확할 것이다. 이런데도 같은 내용을 굳이 반복해서 기술한 이유가 무엇인가?

둘째, 이보다 더 중요하게 짚고 넘어가야 할 것이 있다. "두 성경에 기록된 사람 수가 왜 그렇게 다른가?" 달라도 너무 다르다. 전체 숫자뿐만 아니라 각 지파의 숫자도 다르다. 다른 책도 아닌 성경에 왜 이런 허점들이 있는가?

성경 비평학자들은 마치 호재(好材)를 만난 듯 이 부분에 소리를 높인다. "봐라, 이런 엉터리 책을 영감으로 된 하나님의 말씀이라고 할 수 있는가?" 이런 주장을 들으면 갑자기 기가 죽는다. 또 어떤 사람들은 "필사하는 과정에서 오류가 발생한 것이 아닌가?"라고 말하기도 한다.

"느헤미야와 에스라가 왜 똑같은 내용을 기록했는가?" 하는 첫 번째 의문은 그런대로 이유를 찾을 수 있다. 성경은 어떤 내용이 중요하면 반복해서 기록한다. 말하자면 반복에는 강조의 의미가 들어 있다. 여기서도 이유는 아직 알 수 없으나, 그 부분이 중요하기 때문에 반복해서 기술한 것이 아니겠는가?

문제는 두 번째 의문이다. "왜 느헤미야와 에스라는 똑같은 사건을 다르게 기록했는가?" 서로 다른 수치들이 과연 성경의 오류인가? 만약 그렇지 않다면 이 수치들을 어떻게 이해해야 할까?

이번 장의 주제가 '느헤미야 비문'인 만큼 이 숨겨진 비밀을 이제부터 다룰 것이다. 여기서 '비문'이란 두 가지 뜻을 담고 있다. '비석에 새긴 글'이라는 뜻의 '비문'(碑文)과 '비밀스런 글'이라는 뜻의 '비문'(秘文)이다. 여기서 다룰 느헤미야 7장에는 분명 깊은 뜻이 담겨 있다.

이에 앞서 두 책을 쓴 당시의 시대적 상황을 먼저 살펴보자. 에스라와 느헤미야는 둘 다 페르시아에 있었다. 그런데 고레스 왕의 칙령(B.C. 538)으로 고국에 돌아오게 되었다. 에스라가 느헤미야보다 14년 먼저 예루살렘으로 돌아왔다. 에스라는 예루살렘에 먼저 돌아오기는 했으나 성벽을 재건하려는 꿈을 가지고 있지 않았다. 너무 황폐해졌기 때문일까? 그 이유까지는 알 수 없다. 분명한 것은, 성경 에스라에 언급된 비석 이름들은 예루살렘 성벽 건축 이전에 새겨진 것들이라는 점이다. 에스라 2장은 이렇게 시작한다.

"옛적에 바벨론 왕 느부갓네살에게 사로잡혀 바벨론으로 갔던 자들의 자손들 중에서 놓임을 받고 예루살렘과 유다 도로 돌아와 각기 각자의 성읍으로 돌아간 자"(스 2:1).

반면 느헤미야는 어떤가? 성벽을 건축한 후의 상황이다. 느헤미야 7장은 이렇게 시작한다.

"성벽이 건축되매 문짝을 달고 문지기와 노래하는 자들과 레위 사람들을 세운 후에"(느 7:1).

그래서 같은 사건이지만 에스라는 앞부분인 2장에, 느헤미야는 뒷부분인 7장에 기록하고 있는 것이다. 이는 무엇을 뜻하는가?

에스라는 성벽 건축을 시작할 때쯤 어느 집안에서 누가 몇 명이나 참여했는지를 밝힌다. 반면 느헤미야는 성벽 건축을 마칠 때쯤 몇 명이나 남았고, 최후까지 일한 이 사람들이 누구였는지를 알려 준다. 처음 성벽 공사에 참여한 사람들은 이러이러한 자들이었는데(스 2장), 마칠 때 보니 이러이러한 사람만 남았다(느 7장)는 기록인 것이다. 그러므로 두 성경의 기록이 다른 것은 당연하다.

이들은 페르시아에서 돌아와 황폐화된 예루살렘을 다시 세웠다. 하지만 이 과정은 결코 평탄치 않았다. 어떤 때는 한 손에는 칼을, 또 한 손에는 도구를 들고 일해야만 했다. 낮에는 일하고, 밤에는 파수를 서야만 했다. 잘 때도 옷을 벗지 못하고 새우잠을 자야 했다. 참여한 이들 모두가 얼마나 힘들었는지 모른다. 게다가 산발랏, 도비야, 게셈 같은 자들의 방해 공작이 아주 집요했다. 이들은 악의에 찬 유언비어를 퍼뜨리며 앞장선 리더들을 흠집 내고 모함해서, 일하는 자들의 의욕을 떨어뜨렸다. 느헤미야 역시 마음고생이 무척이나 심했다(느 6:9). 또 어떤 때는 두려움에 떨었다(느 6:14).

그러니 백성들은 오죽했으랴!

환난 앞에 분발하기

이런 상황 속에서 공동체 안에 이런저런 반응이 나타난 것은 당연하다. 어떤 사람들은 의욕을 잃고 성벽 재건에서 발을 뺐을 수도 있다. 또 이런저런 이유를 핑계 삼아 슬그머니 꽁무니를 뺐을 것이다. 이로 인해 시간이 흘러가면서 성벽 재건에 참여하는 숫자가 점점 줄어들었을 것이다.

아라 자손과 삿두 자손이 대표적이다. 아라 자손은 처음에 775명이 참여했다(스 2:5). 그러나 일이 끝날 때쯤에는 652명으로 줄었다(느 7:10). 한편 삿두 자손은 처음에 945명이 참여했다(스 2:8). 그러나 일이 끝날 때쯤에는 845명으로 줄었다(느 7:13).

이와 반대로 환난과 시련 앞에서 오히려 더욱 분발하며 힘을 내는 이들도 있었다. 바로 아스갓 자손이다. 처음 이들은 1,222명으로 시작했다(스 2:12). 그러나 마칠 때에는 오히려 2,322명으로 그 참여 숫자가 배로 늘어났다(느 7:17).

이렇게 환난과 시련의 광풍이 몰아칠 때 어떤 족속은 줄어들고, 어떤 족속은 오히려 더 불어났음을 느헤미야는 이 숫자들을 통해 명백하게 보여 주고 있다.

> "사울의 집과 다윗의 집 사이에 전쟁이 오래매 다윗은 점점 강하여 가고 사울의 집은 점점 약하여 가니라"(삼하 3:1).

그러니 성경 에스라와 느헤미야에 나열된 숫자가 차이나는 것은 당연하지 않은가!

또 하나 주목해야 할 것은, 앞서 말한 대로 회중을 합한 숫자에 숨겨진 비밀이다. 두 책 모두 회중을 합한 숫자가 4만 2,360명이라고 밝히고 있다(스 2:64; 느 7:66). 그런데 실제로 에스라서에 나열된 족속의 합은 2만 9,177명으로 1만 3,183명의 차이가 난다. 한편 느헤미야서에 나열된 족속의 합은 3만 451명으로 1만 1,909명의 차이가 난다. 이것을 어떻게 봐야 하는가? 성경이 틀릴 수도 있는가? 그렇지 않다. 그렇다면 숫자의 차이가 의미하는 것은 무엇인가?

전체 회중의 수는 4만 2,360명이 맞다. 하지만 실제로 그 일에 모두가 적극적으로 참여한 것은 아니었다. 이름이 새겨지지 않은 1만 명 정도의 사람들은 그야말로 이름만 백성이었다. 이들은 예루살렘으로 돌아와 한 공동체에 몸담고 있었다. 하지만 성벽 재건에 헌신하지 않았다. 자신의 몸을 던져 희생하려고도 하지 않았다. 전체 숫자에는 들어갔지만, 개별 숫자에서 제외되었다. 그래서 이들과 이들 자손들의 이름을 구체적으로 새기지 않은 것이다. 그러니 그 숫자만큼 모자란 것이다.

이렇게 볼 때 느헤미야 7장은 그야말로 '비문'(祕文)이다. 직설적으로 어떤 메시지를 말하지 않는다. 하지만 행간(行間)을 통해 그 어떤 울림보다도 더 크게 우리를 도전한다.

나와 내 집안은 어떤가? 점점 줄어드는 아라 족속인가? 아니면 점점 늘어나는 아스갓 족속인가? 내 집안 자손들 가운데 믿는 자들, 헌신된 자들이 더욱 늘어가고 있는가? 아니면 그 숫자가 점점 줄어들고 있는가? 혹시 헌신하는 것이 힘들다고 대열에서 빠져나가고 있지는 않은가?

> "한 청년이 벗은 몸에 베 홑이불을 두르고 예수를 따라가다가 무리에게 잡히매 베 홑이불을 버리고 벗은 몸으로 도망하니라"(막 14:51, 52).
> "바울과 및 동행하는 사람들이 바보에서 배 타고 밤빌리아에 있는 버가에 이르니 요한은 그들에게서 떠나 예루살렘으로 돌아가고"(행 13:13).

혹시 나와 우리 가족은 하나님의 역사에 동참하는 전체 숫자에는 포함되지만, 구체적인 이름을 새길 때는 누락되는 자가 아닌가? 과연 나의 이름은 생명책에 기록되고 있는가?

"또 참으로 나와 멍에를 같이한 네게 구하노니 복음에 나와 함께 힘쓰던 저 여인들을 돕고 또한 글레멘드와 그 외에 나의 동역자들을 도우라 그 이름들이 생명책에 있느니라"(빌 4:3).

사랑하는 성도 여러분! 바벨론 포로였던 이스라엘 백성이 하나님의 은혜로 페르시아에서 예루살렘으로 돌아왔듯이, 우리 또한 하나님의 은혜로 어둠과 죽음에서 구원받아 예루살렘, 즉 교회라는 공동체에 소속된 구성원이 되었다. 그리고 우리 모두는 하나님 나라를 함께 건설해야 하는 중요한 직무를 부여받았다.

이 직무를 이뤄 가는 과정에는 여러 가지 어려움이 있다. 특히 사탄의 방해가 집요하다. 사탄은 갖가지 방법으로 우리 마음을 흔들어 놓고 방해 공작을 편다. 그래서 때마다 마음이 흔들리고, 주어진 자리를 떠나고 싶은 유혹도 받는다. 우리가 가는 이 길이 '좁은 길, 고난의 길'이라며 속삭인다. 하지만 이런 고난 없이 무엇이 탄생하겠는가? 찬송가 가사에도 나오지 않는가? "천성에 가는 길 험하여도 생명길 되나니 은혜로다"(찬 338장).

도종환 시인은 자신의 시집 『흔들리며 피는 꽃』(문학동네, 2012)에서 이렇게 노래했다.

흔들리지 않고 피는 꽃이 어디 있으랴.

이 세상 그 어떤 아름다운 꽃들도

다 흔들리면서 피었나니

흔들리면서 줄기를 곧게 세웠나니

흔들리지 않고 가는 사랑 어디 있으랴.

젖지 않고 피는 꽃이 어디 있으랴.

이 세상 어떤 빛나는 꽃들도

다 젖으며 피었나니

바람과 비에 젖으며 꽃잎 따뜻하게 피웠나니

젖지 않고 가는 삶이 어디 있으랴.

성경 느헤미야에 언급된 비석 이름들은 하나님 나라 확장에 끝까지 헌신한 자를 뜻한다. 최종 결승 지점까지 달린 자들, 즉 영광의 면류관을 쓴 자들을 뜻한다.

"너희가 이같이 어리석으냐 성령으로 시작하였다가 이제는 육체로 마치겠느냐"(갈 3:3).

어리석게도 성령으로 시작했다가 육체로 마치겠는가? 그럴 수는 없다. 여기서 멈출 수 없다. 느헤미야는 마치 바울이 로마서 16

장에서 자신의 사역에 헌신적으로 협력한 사람들을 한 사람 한 사람 새겨 나갔던 것과 같은 심정으로 그 이름들을 새기고 있다. 여러 사람과 나에게 보호자가 되었던 '뵈뵈'(롬 16:1, 2), 자기들의 목까지도 내놓았던 '브리스가와 아굴라'(롬 16:3, 4), 처음 맺은 열매 '에배네도'(롬 16:5), 주 안에서 많이 수고하고 사랑한 '버시'(롬 16:12), 택하심을 입은 '루포'와 그의 '어머니'(롬 16:13)라고 새겼던 것처럼 말이다.

느헤미야와 바울이 성경에 그 이름을 새겨 넣은 것은 영광스러운 일이다. 그러나 우리가 끝까지 달릴 때 주님도 내 이름을 기억하시고 기록하실 것이다. 내 이름이 어린 양 생명책에 하나하나 기록되기를 바란다(찬 483장, '구름 같은 이 세상'). 사랑하는 성도들의 이름이 생명책에 모두 기록되어 복된 자들이 되기를 간절히 바란다.

Part 2

세상에 맞서는 힘 2

내면 채우기

8장
세상을 잠재울 수 있는 초막을 지으라

느헤미야 8:13–18

우리나라는 참 좋은 나라다. 여기저기를 다녀 보면 곳곳에 도로가 잘 닦여 있고, 편의 시설도 잘 갖춰져 있다. 하지만 이름만 들어도 '오지가 아닐까?' 하고 생각되는 동네가 아직도 있다. 그중 한 동네에서 평생을 살아온 한 남자를 만났다. 한 번도 그 마을을 떠나본 적이 없다는 이 남자는 몸이 많이 구부러진 꼽추였다. 같이 있던 부인이 손을 내밀기에 악수를 했는데, 안타깝게도 그 부인의 손가락은 다 잘린 상태였다. 하지만 부부의 얼굴이 얼마나 밝고 환하던지 내심 깜짝 놀랐다. 더 놀란 것은 부인이 손가락 사이에 스틱을 끼고 드럼을 친다는 것이었다. 가끔 떨어뜨리기도 했지만 얼마나 연주를 잘하던지 감탄을 자아냈다. 그때 남편 되는 사람이 내게 책 한 권을 내밀었다. 『화해』(문학의전당, 2008)라는 시집이었다.

이 시집은 불편한 육체를 가진 바로 그 남편이 쓴 것이었다. 저자 자신인 '나'와 나의 오늘이 있게 한 '부모', 그리고 그런 '나'가 주변에서 얼마나 모진 눈초리와 냉대를 받으며 치열하게 달려왔는가를 절절히 표현하고 있었다. 그는 원래 건강하게 태어났는데, 아버지가 한 단 한 번의 실수로 몸을 다쳤다고 한다. 그는 그날을 이렇게 묘사한다.

내 굽은 등허리에서 썩는 피는 왜 그리 솟구쳤을까. 후우욱 후우욱.
내뱉는 어둠처럼 솟구쳤을까?
흐르는 건 닦았을 것이고, 닦아 보니 피 뭉치는 신음처럼 커졌을 것이다.

그가 겪은 비운의 삶은 내 가슴에 깊이 파고들었다.

그때부터 아들은 마치 등에 맷돌을 진 듯한 모습으로 변해 버렸다. 그 아들이 아버지와 함께 가을 들판에서 벼를 벤다. 그 모습을 본 옆집 아저씨가 이렇게 한 마디 툭 던진다.
- 어허, 오늘 그 집에 상일꾼 됐네 그려.
아버지 두어 번 더 낫질하다 말고
- 뭐이라, 주둥아리 함부로 놀리제.
벌떡 일어서신 아버지의 부릅뜬 눈알과 치켜든 조선낫이 석양에 번쩍번쩍.

- 그래 니 집구석은 그리도 성하냐!

조선낫으로 땅을 찍고 있는 나는 알고 있었다.

우리 아버지, 지뢰밭으로 달려갈 듯한 저 분노가 어디서 솟아난 것인지.

내 반 토막의 허리가 당신에게 어떤 요구를 했는지.

계속해서 이 시집을 읽어 내려갔다.

외톨이로 성장한 그가 하루는 사과 밭에 벌렁 누워, 까치들이 쪼아 먹어 상품 가치가 전혀 없이, 대롱대롱 매달려 있는 사과를 바라보며 이렇게 중얼거린다.

아이고, 눈꼴시어라. 그래 봐야 너도 내 꼴이여.

단물만 질질 흘리는

등외품이랑께!

나는 개인적으로 시를 참 좋아한다. 시를 쓰는 시인도 참 좋아한다. 도종환, 이해인, 정호승 님 등 늘 좋은 시인들을 통해 참 따뜻하고 깊이 있는 글을 선물로 받고 있다. 그런데 이번에 만난 이 시인은 이들과는 조금 달랐다. 한국문인협회에 등단한 시인이기는 하지만 별로 알려지지 않았다. 그럼에도 그의 시에서 눈을 뗄 수 없었던 것은 그냥 묵상하거나 자연을 바라본 사색의 산물이 아니었기 때문이다. 책상머리나 펜 끝에서 나온 글은 더더군다나 아니었다. 글자 한 자 한 자에 그의 삶이 그대로 녹아 있었기에 책을 손에서 뗄 수 없었다.

힘, 삶에서 찾다

다윗의 시, 특히 시편 23편 같은 글귀가 가슴에 긴 여운을 남기는 이유가 무엇인가? 단순한 묘사에 그치지 않기 때문이다. 다윗의 글은 지나온 삶의 고백이다. 그는 아버지와 형제들에게 냉대를 받으며 불우한 어린 시절을 보냈다. 그런 그가 광야에서 양을 친다. 사망의 음침한 골짜기를 걸어간다. 그런데 주의 지팡이와 막대기가 그를 지켜 주신다. 주께서 원수의 목전에서 상(床), 곧 밥상을 차려 주신다. 마치 원석을 깎으면 다이아몬드 같은 보석이 되듯이 그런 경험들은 글귀가 되어 우리에게 여운으로 다가온다.

"여호와를 기뻐하는 것이 힘이니라"는 메시지가 왜 유독 우리에게 큰 울림으로 다가오는가? 이 메시지는 그냥 뜬구름 같은 미사여구가 아니다. 시편 23편의 다윗과 시집 『화해』의 주인공처럼 삶의 현장에서 부딪히고 깎여 때로는 좌절하고 낙심했지만 그 안에는 값진 경험이 녹아 있다. 더욱이 울림이 큰 이유는 말도 안 되는 거짓 협박 앞에 두려움에 떨면서 몸소 얻은 진리를 묘사하기 때문이다.

특히 그 메시지를 전한 주인공이 누구인가? 바로 느헤미야다. 그는 페르시아의 부귀영화에 마음을 두지 않고 모든 것을 뒤로한 채 조국 이스라엘로 돌아왔다. 오로지 조국을 다시 세우고, 고난 중에 의욕을 상실한 자기 백성들과 함께하기 위해 왔다. 돌아오자마자 먼저 예루살렘의 무너진 성벽을 쌓기 시작했다. 그러자 산발랏과 도비야, 게셈 같은 자들의 집요한 방해 공작이 도를 더해 갔다. 하지만 이 모든 어려움을 극복하고 드디어 성을 건축했다.

느헤미야 8장은 일종의 낙성식이다. 1절은 이렇게 시작한다.

"이스라엘 자손이 자기들의 성읍에 거주하였더니 일곱째 달에 이르러 모든 백성이 일제히 수문 앞 광장에 모여 학사 에스라에게 여호와께서 이스라엘에게 명령하신 모세의 율법책을 가져오기를 청하매"(느 8:1).

예루살렘 성이 완성되던 그날, 이스라엘 백성은 넓은 광장에 다 함께 모였다. 느헤미야를 위시한 모든 백성들, 곧 남자와 여자, 무릇 알아들을 만한 사람들이 다 함께 모였다. 드디어 식이 시작되었다. 먼저 학사 에스라를 통해 율법의 말씀을 들었다. 이 식은 새벽부터 정오까지 이어졌다. 식이 진행되는 동안 백성들은 감정을 주체하지 못해 울기까지 했다. 충분히 공감이 간다. 내가 섬기는 충정교회도 2002년 3월 1일 헌당식을 했다. 건축하는 동안 어려운 일이 참 많았지만 그 과정을 헤쳐나가 드디어 헌당식을 하게 되었을 때, 마음으로 많이 울었다.

예루살렘 성을 바라보며 감격하고 있을 때, 느헤미야가 메시지를 전한다. "여호와로 인하여 기뻐하는 것이 너희의 힘이니라"(느 8:10). 한편으로 이 메시지는 충격이 아닐 수 없다. 당시에 성(城)은 어떤 의미를 가지고 있었던가? 성은 백성들을 지켜 주는 안전판이자 힘이었다. 이제 이스라엘 백성에게도 힘이 생긴 것이다. 그래서 뿌듯한 마음으로 성을 바라보며 낙성식을 거행하고 있는 것이다. 그런 백성들에게 "여호와를 기뻐하는 것이 힘이니라"고 말한다. 무슨 뜻인가? 천신만고 끝에 성을 다시 세웠지만 결코 성은 안전판이 될 수 없다는 말이다. 진정한 힘이 될 수 없다는 뜻이다. 그토록 바라던 성이 완성되었지만 그 성이 너희를 지켜 줄 수 없다는 뜻이다. 그렇다면 지금까지 헛고생을 했다는 말인가? 당시 수문 앞 광장에 모였던 이스라엘 백성은 느헤미야의 이 한 마디에 뒤통수를 맞은 듯했을 것이다.

그렇다면 진정한 힘을 얻기 위해 어떡해야 한단 말인가? 무엇을 해야 한단 말인가? 어떤 성을 다시 세워야 한단 말인가? 의아해하는 백성들에게 하나님께서 답을 주신다.

> "그 이튿날 뭇 백성의 족장들과 제사장들과 레위 사람들이 율법의 말씀을 밝히 알고자 하여 학사 에스라에게 모여서 율법에 기록된 바를 본즉 여호와께서 모세를 통하여 명령하시기를 이스라엘 자손은 일곱째 달 절기에 초막에서 거할지니라 하였고"(느 8:13, 14).

다시 눈여겨보자. 당시 백성들에게 주어진 하나님 말씀, 곧 율법은 모세오경이다. 하지만 오경만해도 분량이 엄청나다. 그런데 하필 그날 백성들의 귀에 들린 말씀이 무엇인가? "일곱째 달 절기에 초막에 거할지니라." 바로 레위기 말씀이다.

> "너희는 일곱째 달에 이를 지킬지니라 너희는 이레 동안 초막에 거주하되 이스라엘에서 난 자는 다 초막에 거주할지니"(레 23:41, 42).

이게 우연인가? 그 많은 말씀 가운데 학사 에스라가 펼친 말씀이 바로 이 부분, 초막을 지으라는 말씀이다.

초막의 이변

백성들은 지금 예루살렘 성 건축을 다 마치고 낙성식을 하고 있다. 그런데 하나님은 이제 초막을 지으라고 하신다. 예루살렘 성과 초막은 분명하게 대조된다. 성은 거창하고, 초막은 초라하다. 성은 크고, 초막은 작다. 성은 돌로 단단히 지어졌고, 초막은 나무로 엉기성기 지어졌다. 그런데 낙성식을 하는 백성들에게 초막을 지으라고 하신다. 도대체 무슨 의미인가?

이어지는 말씀을 보자.

"또 일렀으되 모든 성읍과 예루살렘에 공포하여 이르기를 너희는 산에 가서 감람나무 가지와 들감람나무 가지와 화석류나무 가지와 종려나무 가지와 기타 무성한 나무 가지를 가져다가 기록한 바를 따라 초막을 지으라 하라 한지라"(느 8:15).

백성들은 이 말씀에 어떻게 반응하는가?

"백성이 이에 나가서 나뭇가지를 가져다가 혹은 지붕 위에, 혹은 뜰 안에, 혹은 하나님의 전 뜰에, 혹은 수문 광장에, 혹은 에브라임 문 광장에 초막을 짓되"(느 8:16).

백성들은 모두 산으로 달려갔다. 여러 종류의 나뭇가지들을 가지고 와서 성 곳곳에 초막을 짓기 시작했다. 모든 백성이 이 일에 참여했다. 초막을 지었다. 그리고 초막에 거했다.

"사로잡혔다가 돌아온 회중이 다 초막을 짓고 그 안에서 거하니 눈의 아들 여호수아 때로부터 그날까지 이스라엘 자손이 이같이 행한 일이 없었으므로 이에 크게 기뻐하며"(느 8:17).

성경은 당시 이 일에 참여한 사람이 "사만 이천 삼백육십 명"(스 2:64; 느 7:66)이라고 밝히고 있다. 상상해 보라. 그야말로 장관이었을 것이다. 크고 작은 초막들이 위아래, 곳곳에 빽빽하게 세워졌다. 세울 자리가 없다 보니 심지어 하나님의 뜰 안에까지 세워졌다.

성전, 영원한 힘

여기서 그냥 넘어갈 수 없는 중요한 문제가 하나 있다. "과연 초막이 무엇을 의미하는가?" 이 장면에서 초막은 나무나 풀로 만든 거처를 뜻한다. 그런데 성경에서는 이 '초막'이 '장막'과 같은 의미로 쓰인다. 성경에서 '장막'이라는 단어가 제일 처음 등장한 곳은 창세기 4장 20절이다.

> "아다는 야발을 낳았으니 그는 장막에 거주하며 가축을 치는 자의 조상이 되었고"(창 4:20).

'아다'라는 자가 자기 초막, 곧 장막에 거했다. 믿음의 조상 아브라함도 '장막 문에 앉아 있다가'(창 18:1) 천사의 방문을 받은 적이 있다. 이렇게 '초막'은 사람이 사는 집, 즉 '장막'과 같은 의미로 쓰인다.

그런데 이 '초막'이라는 단어는 단순히 사람이 거처하는 '집'이 아닌 다른 의미로도 사용된다.

> "여호와께서 환난 날에 나를 그의 초막 속에 비밀히 지키시고 그의 장막 은밀한 곳에 나를 숨기시며 높은 바위 위에 두시리로다"(시 27:5).

여기에서 초막은 사람이 머무는 집이 아니다. '그의 초막' 즉 하나님이 계시는 곳이다. 하나님은 환난 날에 그의 초막 속에서 당신의 자녀들을 지켜 주신다. 그의 장막 은밀한 곳에 우리를 숨겨 주신다. 그러니까 여기서 초막 혹 장막은 단순히 사람이 사는 집이 아니라 하나님이 계신 곳을 뜻한다.

특별히 느헤미야 8장에 나오는 '초막'은 원어상 시편 27편 5절에 나오는 '초막'과 같은 단어다. 느헤미야는 이 단어를 무려 네 번이나 반복해서 언급한다. 뭔가를 강조하고 있음이 틀림없다.

원래 '초막'이란 단어에는 하나님이 광야에서 하신 일을 드러내는 상징적 의미가 있다. 그런데 가나안 땅에 들어온 백성들은 이 초막을 짓지 않았다. 즉 하나님을 드러내지 않았다는 말이다. 그러므로 초막을 지으라는 말씀은 "하나님을 드러내라"는 것이며, 한 걸음 더 나아가 "너희가 하나님이 거할 전, 즉 성전이 되라"는 뜻이다.

그렇다면 어디에 초막을 지으라는 것인가? "혹은 지붕 위에, 혹은 뜰 안에, 혹은 하나님의 전 뜰에, 혹은 수문 광장에, 혹은 에브라임 문 광장에"(느 8:16) 지으라고 한다. 즉 삶의 현장, 바로 우리가 사는 세상에서 하나님을 드러내고 우리 스스로 성전이 되라는 것이다.

다음으로, 초막은 무엇으로 짓는가? "감람나무 가지와 들감람나무 가지와 화석류나무 가지와 종려나무 가지와 기타 무성한 나무 가지를 가져다가"(느 8:15) 초막을 지으라고 한다. 이는 각자 주신 은사를 따라, 각양 재료들을 가지고 크든 작든, 어떤 모양이든 개의치 말고 하나님이 거하실 전, 성전이 되라는 것이다.

세상이 놀라다

하나님을 믿는 자녀들의 최종 목표는 교회 안에서 일등 신자가 되는 것이 아니다. 교회 안에서는 일등인 것 같은데, 세상에 나가면 전혀 그렇지 않은 사람이 한둘이 아니다. 우리는 하나님을 모신 자로서 이에 합당한 모습을 세상과 삶의 현장에서 다양하게 드러내야 한다. 자꾸 교회 안으로 움츠러들면 안 된다. 세상으로 펼쳐 나가야 한다.

"너희는 세상의 빛이라 산 위에 있는 동네가 숨겨지지 못할 것이요 사람이 등불을 켜서 말 아래에 두지 아니하고 등경 위에 두나니 이러므로 집 안 모든 사람에게 비치느니라 이같이 너희 빛이 사람 앞에 비치게 하여 그들로 너희 착한 행실을 보고 하늘에 계신 너희 아버지께 영광을 돌리게 하라"(마 5:14-16).

학생들은 학교에서 열심히 공부해야 한다. 교회가 공부하지 않는 학생들의 피난처, 도피성이 되어서는 안 된다. 직장인들은 직장에서 인정받는 자가 되어야 한다. 정직, 성실, 노력, 끈기를 보여 줘야 한다. 말 한 마디에 신용을 담아야 한다. 주부들도 마찬가지다. 가정에서 근검절약하고, 기도의 본을 보이며, 말씀을 묵상하고, 믿음이 무엇인지 자녀들에게 보여 줘야 한다. 그래서 세상 사람들이 "저 사람은 과연 어떤 사람일까?" 하고 놀라서 묻는 사람이 되어야 한다. 이럴 때 "예수 믿는 사람은 정말 다르군!" 하는 반응이 나온다. 성경에 나오는 많은 인물 중 룻도 그렇게 살았다(룻 2:5).

여호와를 기뻐하는 것의 마지막은 무엇인가? 초막을 짓는 것이다. 그 초막 안에 내가 거함으로 많은 사람들이 나를 보고 하나님을 떠올리게 된다. 이것이야말로 하나님을 가까이하는 것이요, 하나님이 주신 은사를 따라 내가 점점 성전이 되어가는 것이다. 내 삶의 현장에서 내게 주신 아름다운 모습을 드러냄으로써 세상을 변화시키는 것, 이것이 곧 여호와를 기뻐하는 것이다. 이런 자들에게 여호와는 '힘'과 '요새', 그리고 '피할 바위'가 되신다(시 18:1, 2).

시각장애인이었지만, 미국 백악관에서 정책 차관보까지 지낸 놀라운 인물이 있다. 바로 고(故) 강영우 박사다. 중학생 때 사고로 시력을 잃은 그는 1972년 연세대학교 교육학과를 졸업하고, 1976년 한국 시각장애인 최초로 미국 피츠버그 대학교(University of Pittsburgh)에서 철학박사 학위를 취득했다. 그 후 교수생활을 하다가 백악관에 입성하여 2001-2009년까지 대통령 국가 장애위원회 정책 차관보를 역임하게 되었다.

그러던 그가 2011년 10월 즈음해 췌장암 말기 진단을 받았다. 이 사실을 안 그는 차분히 마지막을 준비했고, 2012년 2월 23일 하나님의 부르심을 받았다. 사람들은 강영우 박사의 죽음 앞에서 그가 지은 초막을 보며 하나님을 떠올린다. 아내를 위시한 가족 모두에게 "아직도 봄날 반짝이는 햇살보다 눈부시게 빛나고 있는 당신을 난 가슴 한 가득 품고 떠납니다"라고 말했다. 특히 아내에게는 "사랑합니다. 사랑합니다. 사랑합니다. 그리고 고마웠습니다"라는 말로 마음을 전했다고 한다.

세상 사람들이 보기에 화려하지 않은 초막도 상관없다. 사랑의 바자회 때 우리 교회와 인연이 되어 이곳에 왔다가 우리에게 큰 감동을 주고 떠난 열다섯 살 된 아이가 있다. 청주에 사는 '장예은'이라는 소녀인데, 그 가정 사연이 기가 막혔다. 엄마가 유방암 수술을 받았고, 같은 시기에 일곱 살 된 남동생은 뇌종양 수술을 받았다. 다행히 엄마는 건강을 되찾았지만, 동생은 회복하지 못해 끝내 가슴에 묻고 말았다. 그런데 예은이의 대퇴부(넓적다리)에서 희귀성 암이 발견되었다. 다리가 퉁퉁 부어오르며 썩어 가 결국 절단하고 말았다. 그 무렵 다른 남동생도 암으로 수술대에 올라야 했다. 그럼에도 용기를 잃지 않은 예은이는 편지와 함께 10분 가량의 간증을 영상에 담아 보내 왔다. 우리는 금요 기도회 때 이 간증 영상을 보며 기도했고, 큰 은혜를 받았다. 그런데 바로 그날 새벽, 예은이 엄마에게서 문자가 왔다.

"목사님, 예은이가 오늘 하늘나라 갔어요. 그 동안 기도해 주시고, 염려해 주신 것 정말 감사해요."

순간 "하나님, 사랑해요"라고 고백하던 예은이가 떠올랐다. 비록 수년 동안 몹쓸 병에 시달리다가 꽃도 피워 보지 못한 채 떠났지만, 예은이는 누구보다 아름답고 멋진 초막을 지었다. 의사든 간호사든, 만나는 사람마다 예수님을 전했다. 그 형언할 수 없는 고통 속에서도 밝음을 잃지 않고, 마지막까지 하나님께 사랑을 고백했다. 이 땅에서 멋진 초막을 짓고 살다가 하나님의 부름을 받고 떠난 것이다. 하나님 눈에 이런 예은이가 얼마나 귀하고 사랑스러웠겠는가?

사랑하는 여러분! 이제 예루살렘 성이 아니라 초막을 짓자! 거대하고 멋진 집이나 성이 아니라 초막을 짓자! 초막은 화려하지 않다. 대단하지 않을 수도 있다. 그러나 하나님을 드러낼 수만 있다면 바로 그것이 여호와를 기뻐하는 것이다. 그 안에 거하는 나를 통해 세상 사람들은 하나님을 볼 수 있을 것이다. 예루살렘 성벽은 세월이 흐르면 무너진다. 거기에 의지하면 안 된다. 초막, 곧 하나님이 거하시는 집을 짓는 자야말로 진정 여호와를 기뻐하는 자이다. 이런 자에게 여호와는 힘이 될 것이다.

9장
보이지 않는 영적 플랫폼을 다시 세우라

느헤미야 9:1-5

2012년 3월 3일, 가장 가깝게 지내던 친구 목사를 하나님께 먼저 떠나 보냈다. 하루 종일 마음이 무거웠다. 그 친구와 신학 수업을 받는 3년 동안 늘 함께 고속버스와 기차로 부산에서 서울까지 통학했다. 얼마나 많은 얘기를 나누었던지, 서로의 깊은 부분까지 이해하는 사이가 되었다. 하지만 점점 각자의 사역에 집중하느라 자주 만나지 못했다. 그러던 어느 날, 그 친구가 날 급하게 찾는다는 전화가 걸려 왔다. 연락을 받고 주일 저녁, 강남 세브란스 병원으로 급히 달려가 인사를 나눴다. 일주일 후 그 친구는 세상을 떠났고, 이게 그 친구와의 마지막 인사였다.

그런데 친구의 장례를 치르자마자 우리 교회에 다니던 한 형제의 장례를 집례하게 되었다. 서른여섯, 아직 미혼인 청년이 우리 곁을 떠났다. 사랑하는 아들을 가슴에 묻고 피를 토하듯 울부짖는 형제의 부모님을 보니 가슴이 메여 왔다.

두 죽음 모두 사인(死因)은 간암이었다. 간은 우리 몸의 오장육부 중 가장 큰 장기로 손바닥 두 개를 펼쳐 놓은 크기라 한다. 그 크기만큼 하는 일도 많은데 해독 기능을 비롯해 400여 가지 기능을 수행하는 부품 생산 공장이다. 그래서인지 간을 자신과 동일시하는 관용구가 많다. '간이 크다', '간이 콩알만 해지다', '간덩이가 붓다', '간이 배 밖으로 나오다', '간이 녹다' 등 오래 전부터 이런 표현들을 많이 사용해 왔다. 간이 그만큼 중요하다는 뜻이다.

그런데 간은 표면에는 신경이 있지만, 전체로 보면 신경이 없는 것이 특징이다. 그래서 증세를 잘 느끼지 못한다. 정기적인 검진을 통해 이상을 발견하면 다행이지만, 어떤 증상을 느꼈을 때는 이미 늦어 버린 경우가 대부분이다.

두 사람 모두 너무 늦게 암을 발견했다. 집중 치료도 했으나 이미 손상된 장기를 되돌리기에는 역부족이었다. 겉으로는 전혀 이상이 없었다. 하지만 이미 안에서 보이지 않게 간이 손상되어 다른 장기들까지 심각한 상태가 돼 버렸다. 그렇게 인물 좋던 친구가, 그렇게 활달하던 젊은이가 한순간 무너져 내리는 것을 보니 마음이 무척 아팠다.

이 무거운 마음에 혼자서 한참을 말씀에 집중했다. 그리고 생각했다. "두 친구의 죽음을 통해 하나님이 나와 성도들에게 주시는 교훈이 무엇일까?"

성경 느헤미야를 처음부터 끝까지 차분하게 다시 살폈다. 느헤미야가 크게 두 부분으로 나눠짐을 확인할 수 있었다. 첫 번째 부분은 1-7장까지며, 두 번째 부분은 9-13장까지다. 두 부분 중간에 8장이 위치해 있고, 이 8장에서 "여호와로 인하여 기뻐하는 것이 너희의 힘이니라"(느 8:10)는 말씀을 발견했다. 8장은 느헤미야에서 가장 두드러진 부분으로, 피라미드의 정점과도 같다.

하나님은 그렇게 힘이 세다

그러면 느헤미야 1-7장까지는 어떤 내용인가? 이스라엘 백성이 무너진 예루살렘 성벽과 성전을 다시 세우는 내용으로 눈에 보이는 성벽 건축 역사가 소개된다. 그 과정은 참으로 험난했다. 하지만 백성들은 드디어 성벽 건축을 완성했다.

"성벽이 건축되매 문짝을 달고 문지기와 노래하는 자들과 레위 사람들을 세운 후에"(느 7:1).

느헤미야는 이 성벽 건축 역사에 참여한 사람들이 어느 지파의 누구였고, 또 몇 명이었는지를 일일이 기록하고 있다. 그리고 그 일에 참여한 숫자의 합계는 모두 4만 2,360명이었다고까지 밝히고 있다(느 7:66). 그만큼 의미 있는 일이라는 뜻이다.

8장에 들어서면 낙성식이 거행된다. 성벽 낙성식은 어떻게 시작하는가?

"이스라엘 자손이 자기들의 성읍에 거주하였더니 일곱째 달에 이르러 모든 백성이 일제히 수문 앞 광장에 모여 학사 에스라에게 여호와께서 이스라엘에게 명령하신 모세의 율법책을 가져오기를 청하매"(느 8:1).

계속해서 느헤미야 8장이 어떻게 끝나는지 보라.

"에스라는 첫날부터 끝날까지 날마다 하나님의 율법책을 낭독하고 무리가 이레 동안 절기를 지키고 여덟째 날에 규례를 따라 성회를 열었느니라"(느 8:18).

그날 백성들은 모두 수문 앞 광장에 모였다. 낙성식은 하나님의 말씀을 듣는 것으로 시작했다. 그리고 말씀을 듣는 것으로 마쳤다. 새벽부터 정오까지 율법책에 귀를 기울였다. 학사 에스라가 율법의 말씀을 낭독할 때마다 손을 들고 '아멘, 아멘!' 화답했다. 몸을 굽혀 얼굴을 땅에 댔다. 심지어 감정을 주체하지 못하고 울기까지 했다. 그도 그럴 것이, 그 과정이 얼마나 험난했는가? 방해꾼들은 얼마나 집요했는가? 밤낮으로 쉬지 않고, 밤에 잘 때도 옷을 벗지 않을 정도로 열심히 일했다. 그 결과 52일 만에 누가 봐도 대단하고, 부러워할 만한 성벽을 건축했다. 모두들 감격에 겨워 어쩔 줄 몰라 한 것은 당연했다.

그런데 이 낙성식 현장에서 전혀 뜻밖의 음성이 들린다. "여호와를 기뻐하는 것, 힘이니라." 이 음성이 백성들의 귓전을 때렸다. 이 말씀이 담고 있는 메시지는 무엇인가?

백성들이 다시 세운 성벽은 진정한 힘이 아니었다. 애쓰고 힘써서 이룩한 성이지만 백성들에게 안전판이 될 수는 없었다. 즉 백성들을 지켜 주지 못했다.

사실 이스라엘은 앗수르와 바벨론의 침략으로 망했다. 나라가 망하자 여인들은 겁탈을 당했고, 젊은이들은 포로로 끌려갔다. 예루살렘 성은 무너졌고, 여우가 올라가도 무너질 정도로 황폐화되었다. 성만 훼파되었는가? 나라만 잃어버렸는가? 아니다. 나라가 망할 때 백성들은 하나님도 잃어버렸다. 아니 더 정확히 말하면, 나라보다 하나님을 먼저 잃어버렸다. 그래서 하나님은 앗수르와 바벨론을 방망이로 사용해 이스라엘을 치신 것이다. 백성들의 영적 상태는 완전히 무너져 내린 예루살렘 성벽과 다를 바 없었다.

다시 말해, 진정으로 힘이 되는 성벽은 여전히 무너져 있던 것이다. 눈에 보이는 성벽만 다시 세웠을 뿐이지 눈에 보이지 않는 진정한 성벽은 무너져 있었다. 그 성벽을 다시 세워야 한다는 하나님의 음성이 바로 이것이다. "여호와를 기뻐하는 것, 힘이니라." 이 말씀은 무너진 영적 성벽을 다시 쌓으라는 것을 뜻한다.

이 말씀 앞에 백성들은 다음 9장에서 이렇게 반응한다. 느헤미야 9장은 이렇게 시작한다.

> "그 달 스무나흗 날에 이스라엘 자손이 다 모여 금식하며 굵은 베 옷을 입고 티끌을 무릅쓰며 모든 이방 사람들과 절교하고 서서 자기의 죄와 조상들의 허물을 자복하고 이날에 낮 사분의 일은 그 제자리에 서서 그들의 하나님 여호와의 율법책을 낭독하고 낮 사분의 일은 죄를 자복하며 그들의 하나님 여호와께 경배하는데"(느 9:1-3).

낙성식을 스무하룻날까지 진행했으나 사흘 만에 다시 모인 것이다. 자발적으로 다 모였다. 이전까지는 눈에 보이는 예루살렘 성벽을 다시 세우기 위해 온 힘을 다했다면, 이제는 영적 성벽 건축을 시작한다. 구체적으로 어떤 영적 성벽을 세우는지 보라.

'하나님'이라는 플랫폼을 다시 세우라

가장 먼저, '하나님'이란 성벽을 다시 세운다. 이제껏 이스라엘 백성은 하나님을 잃어버렸다. 하나님이 어떤 분이시며, 그 하나님 앞에서 자신들이 어떤 태도를 취해야 하는지를 생각하지 않았다. 아니 그들은 마음속에 하나님을 두기 싫어했다. 하나님은 그런 백성들을 내버려 두셨다. 그런데 율법의 말씀을 들으면서 백성들은 하나님이 어떤 분이신가를 발견한다. 백성들의 눈에 눈물이 흐르기 시작한다. 그래서 무너진 '하나님' 성벽을 다시 세우기 시작한다. 그들이 성벽을 다시 세우며 깨달은 하나님은 어떤 분인가? 말씀을 통해 차례대로 찾아보자.

첫째, 그분은 영원부터 영원까지 계시는 창조 주 하나님이시다.

> "오직 주는 여호와시라 하늘과 하늘들의 하늘과 일월성신과 땅과 땅 위의 만물과 바다와 그 가운데 모든 것을 지으시고 다 보존하시오니 모든 천군이 주께 경배하나이다 주는 하나님 여호와시라 옛적에 아브람을 택하시고 갈대아 우르에서 인도하여 내시고 아브라함이라는 이름을 주시고"(느 9:6, 7).

둘째, 그분은 능력과 기사를 행하시는 이적의 하나님이시다.

"또 주께서 우리 조상들 앞에서 바다를 갈라지게 하사 그들이 바다 가운데를 육지같이 통과하게 하시고 쫓아오는 자들을 돌을 큰 물에 던짐같이 깊은 물에 던지시고"(느 9:11).

셋째, 그분은 인도자시며 일용할 양식을 공급해 주시는 하나님이시다.

"낮에는 구름 기둥으로 인도하시고 밤에는 불 기둥으로 그들이 행할 길을 그들에게 비추셨사오며……그들의 굶주림 때문에 그들에게 양식을 주시며 그들의 목마름 때문에 그들에게 반석에서 물을 내시고 또 주께서 옛적에 손을 들어 맹세하시고 주겠다고 하신 땅을 들어가서 차지하라 말씀하셨사오나"(느 9:12, 15).

넷째, 한마디로 하나님은 부족함이 없으신 분이다.

"사십 년 동안 들에서 기르시되 부족함이 없게 하시므로 그 옷이 해어지지 아니하였고 발이 부르트지 아니하였사오며"(느 9:21).

이들은 오랫동안 하나님을 경외해 온 백성들이다. 하지만 하나님을 잃어버린 순간, 하나님이 어떤 분이신지, 어떤 일을 행하셨는지에 대한 기억이 완전히 깨져 버렸다. 이들이 무엇보다 먼저 세워야 할 성벽은 하나님에 대한 영적 성벽이었다. 이제 백성들은 이 영적 성벽을 다시 세우고 있다. 하나님이 과연 어떤 분이신지를 기억하고 고백하면서 말이다.

'자아'라는 플랫폼을 다시 세우라

다음으로 백성들은 '자아'라는 성벽을 다시 세운다. 이스라엘 백성은 자신들이 과연 어떤 존재인지를 잊었다. 즉 '자아'의 기둥이 무너져 있었다. 이제 이것을 다시 정립한다. 자신들이 어떤 모습이었는지 보게 된다.

첫째, 백성들은 각자 자신이 심히 교만한 자였음을 직시한다.

"그들과 우리 조상들이 교만하고 목을 굳게 하여 주의 명령을 듣지 아니하고 거역하며 주께서 그들 가운데에서 행하신 기사를 기억하지 아니하고 목을 굳게 하며 패역하여 스스로 한 우두머리를 세우고 종 되었던 땅으로 돌아가고자 하였나이다"(느 9:16, 17).

둘째, 백성들은 모두 자신이 우상을 섬기던 자였음을 고백한다.

"또 그들이 자기들을 위하여 송아지를 부어 만들고 이르기를 이는 곧 너희를 인도하여 애굽에서 나오게 한 신이라 하여 하나님을 크게 모독하였사오나"(느 9:18).

셋째, 백성들은 모두 자신이 불순종한 자였음을 고백한다.

"그들은 순종하지 아니하고 주를 거역하며 주의 율법을 등지고 주께로 돌아오기를 권면하는 선지자들을 죽여 주를 심히 모독하였나이다"(느 9:26).

이스라엘 백성은 이렇게 교만했다. 우상을 섬겼다. 율법의 말씀을 떠났다. 불순종했다. 하나님이 베푸신 은혜를 잊어버렸다. 진정한 자아가 무너지고 망가졌다. 이제 무너진 자아를 다시 세우고자 한다. 하나님 안에서 진정한 모습으로 다시 태어나고자 한다.

'은혜'라는 플랫폼을 다시 세우라

이제 백성들은 '은혜'의 성벽으로 나아간다. 하나님의 '은혜'를 다시 기억하고 회복한다. 과연 어떤 은혜인가?

첫째, 사유(赦宥)의 은혜다.

"그러나 주께서는 용서하시는 하나님이시라 은혜로우시며 긍휼히 여기시며 더디 노하시며 인자가 풍부하시므로 그들을 버리지 아니하셨나이다"(느 9:17).

둘째, 부르짖음에 응답하시는 은혜다.

"그들이 평강을 얻은 후에 다시 주 앞에서 악을 행하므로 주께서 그들을 원수들의 손에 버려 두사 원수들에게 지배를 당하게 하시다가 그들이 돌이켜 주께 부르짖으매 주께서 하늘에서 들으시고 여러 번 주의 긍휼로 건져내시고"(느 9:28).

셋째, 복을 주시는 하나님의 은혜다.

"그들이 그 나라와 주께서 그들에게 베푸신 큰 복과 자기 앞에 주신 넓고 기름진 땅을 누리면서도 주를 섬기지 아니하며 악행을 그치지 아니하였으므로"(느 9:35).

자세히 보라. 이스라엘 백성에게 은혜를 받을 자격과 마음가짐

이 있었는가? 전혀 그렇지 않았다. 그럼에도 불구하고 하나님은 죄를 용서하셨다. 부르짖음에 응답하셨다. 복을 내려주셨다. 이것이 하나님의 은혜다. 그런데 이 은혜를 잊고 있었다. 은혜의 성벽이 무너져 있었다. 이제 다시 그 은혜의 성벽을 세우는 것이다.

선택의 기로에서

오늘날 우리의 모습이 어떤지 돌아보자. 겉으로 보이는 성벽만을 세우기 위해 노력하고 있지 않은가? 그렇게 이룬 성벽이 대단한가? 사회적으로 뭔가를 이루고 나니, 그곳에 안주하며 영원히 살 것 같은가? 그렇다면 보이지 않는 성벽, 영적 성벽은 어떤가? 혹시 보이는 성벽 건축에 온 힘을 쏟은 나머지 보이지 않는 성벽 건축에는 소홀하지 않았는가?

위대한 기독교 작가 보함(Borham)은 자신의 인생에 커다란 영향을 주었던 사건을 이렇게 기록했다.

"내가 아직 청년이었을 때에 한 친구의 집에서 며칠을 그 친구와 함께 보냈다. 나는 친구 집에 처음 갔고, 그 친구는 나에게 응접실 건너편에 있는 방은 출입 금지의 방이기 때문에 그쪽으로 가면 안 된다고 주의를 주었다. 아무도 그 방에는 들어갈 수 없다는 그의 말을 따라 나는 그곳에 가지 않았다. 그러던 어느 날 밤중에 잠이 깨었는데 그때 출입 금지의 방에서 인기척이 났다. 내다보니 그 방의 문이 조금 열려 있었다. 들여다보니 침대 위에 한 어린 소년이 누워 있었다. 그 소년이 누운 침대 앞에 친구의 어머니가 무릎을 꿇고 앉아 침대에 누워 있는 소년을 쓰다듬고 있었다. 나는 그때 정신 이상인 자기 아들에게 속삭이던 그 어머니의 말을 결코 잊을 수 없다. '나는 네 어미다. 그런데도 너는 나를, 네 자신을 알아보지 못하는구나.'"

침대에 누워 있던 이 아이의 문제는 무엇인가? 어머니를 모른다. 자기 자신을 모른다. 어머니가 끊임없이 베풀어 주시는 은혜와 사랑을 모른다. 바로 이것이 어머니로 하여금 탄식과 눈물을 흘리게 한 요인이다. 혹시 우리도 하나님 앞에서 그렇지 않은가?

어느 날 어떤 목사님께서 갑작스럽게 전화를 주셨다. 교회의 한 집사가 교통사고로 중상을 입어 병원에 있다는 소식이었다. 서둘러 병원에 달려가 보니 이 집사는 응급실에 붕대를 감고 누워 있었다. "어쩌다가 이렇게 되셨어요?" 하고 위로의 말을 하려는데 그 집사가 입을 열었다. "하나님께서 너무 오래 참으셨지요!" 그리고는 눈물을 글썽였다. 혹시 우리 모습도 이렇지 않은가?

우리는 보이지 않는 영적 성벽을 새롭게 다시 세워야 한다. 이 성벽은 말씀 앞에서만 가능하다. 말씀 앞에 서서 "하나님은 어떤 분이신가, 나는 과연 어떤 존재인가, 이런 나에게 나타난 하나님의 은혜는 과연 어떤가?"를 바로 정립하고 세워야 한다.

말씀 앞에 무릎을 꿇으라. 모이기에 힘쓰라. 겸손하게 하나님께 나아오라. 우선순위를 재점검하라.

> "사랑하는 자들아 너희는 너희의 지극히 거룩한 믿음 위에 자신을 세우며 성령으로 기도하며 하나님의 사랑 안에서 자신을 지키며 영생에 이르도록 우리 주 예수 그리스도의 긍휼을 기다리라"(유 1:20, 21).
>
> "터가 무너지면 의인이 무엇을 하랴"(시 11:3).

무너진 제단을 다시 쌓자. 영적 성벽을 다시 세우자. 이것이야말로 여호와를 기뻐하는 것이다. 여호와께서는 이런 자에게 힘이 되실 것이다.

"우리에게 한 제단이 있으니"(2008)라는 찬양으로 이번 장을 마친다.

> "우리에게 한 제단이 있으니 십자가 제단에 나아가 우리 모든 죄를 씻어 버리고 단상의 생활을 보내자. 하늘의 불로써 이 제단 태워 주옵소서. 엘리야의 때와 같이 지금도 돌과 흙까지 태우소서.

무너진 제단을 다시 쌓고 기도의 향불을 올리자. 제사장의 큰 사명을 위해 기도의 전력을 바치자. 하늘의 불로써 이 제단 태워 주옵소서. 엘리야의 때와 같이 지금도 돌과 흙까지 태우소서."

10장
화려한 율법보다 단순한 믿음으로 나아가라

느헤미야 10:1-8

 스마트폰(Smartphone)이 현대인의 생활 리듬에 미치는 영향은 가히 상상을 초월한다. 어른들은 말할 것도 없고, 어린아이들조차 손에서 스마트폰을 놓지 못한다. 버스와 지하철에서도 쉽게 볼 수 있듯 졸지 않는 사람들은 어김없이 스마트폰에 집중한다. 부부나 가족이 모처럼 함께 모여 앉아도 각자 스마트폰을 만지작거리기 일쑤다. 사랑하는 연인들은 데이트를 하면서도, 찻잔을 앞에 놓고 스마트폰에 열중한다. 심지어 예배를 드리면서도 습관적으로 스마트폰을 만지는 이들이 많다. 정도의 차이는 있지만 중독 증세도 다양하다. 이 회오리바람의 진원지가 어디인가? 아마도 애플사(Apple Inc.) 때문이 아닐까? 애플의 창립자인 스티브 잡스(Steve Jobs)가 이 회오리바람을 일으킨 장본인이다. 그런 그가 2011년 10월 5일, 56세라는 한창 일할 나이에 췌장암으

로 세상을 떠났을 때 온 세계가 얼마나 안타까워했는가?

애플사의 로고는 참 독특해 소비자의 눈길을 사로잡는다. 왜 예쁘고 온전한 모양의 사과가 아니라 한 입 베어먹은 사과일까? 이 로고에 대한 여러 이야기가 있지만, 아담의 선악과에서 아이디어를 얻었다는 것만은 틀림없다. 에덴동산에 나오는 선악과를 한 번 살펴보자.

"여자가 그 나무를 본즉 먹음직도 하고 보암직도 하고 지혜롭게 할 만큼 탐스럽기도 한 나무인지라"(창 3:6).

하와는 선악과를 보고 어떤 마음이었는가? 무척 갖고 싶었다. 따 먹고 싶었다. 더욱이 손에 쥐고 싶은 충동까지 느꼈다. 그래서 결국 그 열매를 따 먹고 말았다. 그리고 남편에게도 주었다. 그러자 이들의 눈이 정말 밝아졌다(창 3:7). 이 말은 '스마트'(smart), 즉 '똑똑해졌다'는 뜻이다. 스티브 잡스는 이 이야기에 매료되었다. 누구든 한 번 보면 갖고 싶고, 만지고 싶고, 그 안에서 지혜와 지식을 얻어 똑똑해지는 그런 기기(器機)의 발명, 이것이 애플사가 추구하는 비전이다.

정말 그렇다. 스마트폰은 누구든 보는 순간 한 입 베어먹고 싶은 충동을 느끼게 한다. '베어먹다'란 뜻의 영어 단어가 '바이트'(bite)인데, 컴퓨터 용량을 나타내는 단위인 '바이트'(byte)와 발음이 똑같다. 이렇게 단어 하나에도 상징적인 의미를 담았다. 한 입 베어먹고 싶은 사과와 스마트폰은 기가 막히게 잘 맞아 떨어진다.

그런데 에덴동산은 과연 어디에 있었는가? 알 수 없다. 성경은 "이같이 하나님이 그 사람을 쫓아내시고 에덴동산 동쪽에 그룹들과 두루 도는 불 칼을 두어 생명나무의 길을 지키게 하시니라"(창 3:24)고 말한다. 우리는 에덴동산이 어디에 있었는지 알 수도, 찾을 수도 없다. 하지만 실마리를 주는 말씀이 있다. "강이 에덴에서 흘러나와 동산을 적시고 거기서부터 갈라져 네 근원이 되었으니"(창 2:10).

그 네 개의 강은 '비손'과 '기혼' 그리고 '힛데겔'(티그리스 강)과 '유브라데'(유프라테스 강)이다(창 2:11, 13, 14). 뒤의 두 강은 지금도 그렇게 불린다. 그래서 학자들은 유브라데와 티그리스가 만나는 지점 어딘가에 에덴이 있었을 것이라 추정한다. 하지만 문제는 먼저 언급된 비손과 기혼이다.

> "강이 에덴에서 흘러나와 동산을 적시고 거기서부터 갈라져 네 근원이 되었으니 첫째의 이름은 비손이라 금이 있는 하윌라 온 땅을 둘렀으며 그 땅의 금은 순금이요 그곳에는 베델리엄과 호마노도 있으며 둘째 강의 이름은 기혼이라 구스 온 땅을 둘렀고"(창 2:10-13).

학자들은 이 두 강이 '하윌라', '구스'와 함께 소개되는 것을 주의 깊게 보고 나일 강과 관계 있다고 추정한다. '비손'도 나일 강의 지류(The Blue River)며, '기혼'도 나일 강 상류의 한 지류(The White River)라는 것이다. 만일 그렇다면 이 네 강이 만나는 지점, 즉 에덴동산이 있었던 곳은 가나안 땅 안에서도 예루살렘이 아니겠는가? 노아 홍수 때 상상할 수조차 없는 엄청난 지각 변동이 있었다는 것을 고려한다면 상당히 설득력 있는 학설이다.

여기에 인류 구속 역사까지 이 학설을 뒷받침해 준다. 첫 사람 아담이 에덴동산 중앙에 있는 선악과를 따 먹음으로 죄를 범했고, 결국 에덴동산에서 쫓겨난 인류는 죄와 사망 앞에서 신음했다. 예수님은 이런 죄인들을 구원하기 위해 이 땅에 오셔서 아담이 죄를 범한 에덴동산, 지금의 예루살렘에서 나무에 달려 돌아가시므로 우리에게 영생을 주셨다. '선악과'가 열린 나무 앞에서 범죄한 인간은 죽을 수밖에 없었다. 하지만 그럼에도 인간이 나무에 달린 예수님을 믿음으로 다시 살 수 있게 되었다. 하나님은 인류가 실패한 바로 그 장소에서 회복의 역사를 일으키셨다.

에덴동산과 예루살렘이 이렇게 깊은 연관을 가진 것이 사실이라면, 아니 에덴동산과 예루살렘이 같은 장소라면, 오늘날 우리는 에덴동산에서 영적으로 다시 살고 있다. 왜냐하면 성경은 교회를 예루살렘으로 묘사하고 있기 때문이다.

우리가 탐한 선악과는 무엇인가

그렇다면 원시 에덴동산 중앙에 있었던 그 과일, 먹음직스럽고 보암직스러운, 그래서 따 먹고 싶은 과일이 오늘날 영적 에덴동산인 교회에서 생활하는 우리에게는 없는가? 오늘날 열심히 신앙생활하는 우리를 유혹하는 선악과는 없는가?

이런 의문을 가지고 느헤미야 10장 속으로 들어가 보자. 느헤미야 10장은 크게 두 부분으로 나뉜다. 먼저 앞부분에는 인봉에 참여한 자들의 이름이 나온다(느 10:1-27). 1절에는 총독인 느헤미야와 시드기야가 등장한다. 그리고 2-8절에는 예레미야를 위시한 제사장 그룹이 나온다. 이어지는 9-13절에는 스바냐를 위시한 레위 사람들이 나온다. 마지막으로 14-27절에는 백성들의 우두머리들이 소개된다.

다음으로 우리는 뒷부분에 주목할 필요가 있다(느 10:28-39). 이 부분에는 인봉한 내용, 즉 구체적으로 다짐한 것들이 나온다. 이스라엘 백성은 전에 이방인과 교제했었다. 그런데 이젠 절교하겠다고 말하는 것이 아닌가(느 10:28)? 전에는 자녀들이 불신자들과 결혼한다 해도 아무렇지 않게 생각했으나, 이젠 그렇지 않다(느 10:30). 전에는 안식일을 제대로 지키지 않았으나, 이젠 제대로 지킨다. 더욱이 7년 된 해마다 반드시 땅을 쉬게 하고, 모든 빚도 다 탕감해 주겠다는 약속까지 한다(느 10:31). 또한 성전세를 내지 않았는데, 이제는 낸다(느 10:32). 맏아들을 하나님께 바친다(느 10:36). 십일조도 온전히 드린다(느 10:37). 이와 같은 다짐들은 계속된다.

지금까지 이스라엘 백성은 예루살렘에 거주하며 자기 좋은 대로 행동했다(삿 21:25). 마치 에덴동산의 아담과 하와처럼 하나님의 말씀은 귓전으로 흘려버렸다. 백성들은 감정과 기분에만 충실했다. 하나님이 금하셨음에도 불구하고 그들 앞에 놓인 먹음직하고 보암직한 선악과를 따 먹었다. 이로 인해 영적 성벽이 조금씩 무너지기 시작했고, 마침내 완전히 헐려 못 쓰게 되었다. 하지만 이들은 이 무너진 영적 성벽과 제단을 다시 쌓기로 다짐한다. 아니 다짐을 넘어 인봉까지 한다. 정말 귀하고 아름다운 결심이다.

안식일과 십일조에 대한 다짐

그렇다면 이스라엘 백성의 다짐을 지금 우리에게 문자 그대로 적용해야 하는가? 오늘날 우리도 이 말씀대로 살아야 하는 것 아닌가? 아니면 혹시 어떤 부분은 지키고 어떤 부분은 지키지 않아도 되는 건가? 어떤 부분에 대해서는 예민하고, 어떤 부분은 그냥 슬쩍 넘어가도 되는 건가? 대단히 중요하고 심각한 질문이다.

두 가지 주제에 집중해 보자. 하나는 '안식일'에 대한 언급이다(느 10:31). 또 하나는 '십일조'에 대한 언급이다(느 10:37 이하). 이 두 가지를 주목하는 이유는 예수님도 두 가지를 특별하게 다루셨기 때문이다.

"안식일에 예수께서 밀밭 사이로 지나가실새 그의 제자들이 길을 열며 이삭을 자르니 바리새인들이 예수께 말하되 보시오 저들이 어찌하여 안식일에 하지 못할 일을 하나이까"(막 2:23, 24).

그때 예수님은 다윗을 예로 들며 이렇게 말씀하셨다.

"또 이르시되 안식일이 사람을 위하여 있는 것이요 사람이 안식일을 위하여 있는 것이 아니니"(막 2:27).

여기서 우리는 예수님이 안식일 제도 자체를 폐기하신 것이 아니라는 사실을 확인할 수 있다. 이스라엘 백성은 안식일을 잘못 이해하고 있었다. 주님은 이들의 잘못된 관행을 지적하시며 고치신 것이다. 안식일 문제에 대한 다른 말씀 역시 똑같다. 십일조도 마찬가지다.

"화 있을진저 너희 바리새인이여 너희가 박하와 운향과 모든 채소의 십일조는 드리되 공의와 하나님께 대한 사랑은 버리는도다 그러나 이것도 행하고 저것도 버리지 말아야 할지니라"(눅 11:42; 참고, 창 14:20; 레 27:30; 신 14:22-29, 26:12-15).

'이것도 행하고'에서 '이것'은 십일조를 말한다. 이 말씀 역시 십일조 자체를 폐기한다는 뜻이 아니다. 단지 안식일 문제처럼 십일조에도 이것저것 조항들을 첨가한 것을 지적하는 말씀이다. 좀 더 자세히 들여다보자.

"혹시 이 땅 백성이 안식일에 물품이나 온갖 곡물을 가져다가 팔려고 할지라도 우리가 안식일이나 성일에는 그들에게서 사지 않겠고 일곱째 해마다 땅을 쉬게 하고 모든 빚을 탕감하리라 하였고"(느 10:31).

백성들은 안식일에 물건을 사지 않겠고, 7년 된 해에는 모든 빚까지 무조건 탕감해 주겠다고 다짐한다. 이 다짐을 문자 그대로 오늘날 우리에게 적용하는 것이 성경적인가?

"또 처음 익은 밀의 가루와 거제물과 각종 과목의 열매와 새 포도주와 기름을 제사장들에게로 가져다가 우리 하나님의 전의 여러 방에 두고 또 우리 산물의 십일조를 레위 사람들에게 주리라 하였나니 이 레위 사람들은 우리의 모든 성읍에서 산물의 십일조를 받는 자임이며"(느 10:37).

게다가 백성들은 '레위 사람들에게 십일조를 주겠다'고 다짐한다. 레위 사람은 기업을 분배받지 않고, 성전에서 일하는 사람이다. 오늘날로 말하면 교회를 섬기는 전임 사역자들이다. 다시 한 번 물어보자. 그렇다면 이들에게 십일조 헌금 전부를 내는 것이 성경적인가? 과연 이것이 십일조의 올바른 정신인가?

느헤미야에 기록된 안식일, 십일조와 관련한 이 두 다짐은 모두 똑같은 장소와 시간에 동일한 백성들이 한 것이다. 한 나무에 달려 있는 과일과 마찬가지다. 그러므로 '이건 맞고, 저건 틀려!'라고 말하거나 '이건 지켜야 하고, 저건 지키지 않아도 돼!' 혹은 '이건 아직도 유효하고, 저건 유효하지 않아!'라고 말할 수 없다. 과연 이 다짐을 오늘날 우리에게도 그대로 적용해야 하는가?

더 구체적으로 들어가 보자. 먼저 안식일 문제다. 우리는 첫 단추부터 잘못 끼우고 있다. 우선 정확한 안식일이 아니다. 엄격한 의미에서 우리는 안식일을 지키지 않고 있다. 안식일이 아닌 그 다음 첫째 날, 주일 아침에 예배를 드린다. 그러니 우리는 지금 안식일을 지키지 않고 있다. 그럼 왜 굳이 안식일이 아닌 그 다음 날에 모이는가? 우리는 이 질문에 이렇게 답한다. "우리 주님이 사망 권세를 깨치시고 부활하신 날이 오늘이기 때문에, 우리는 안식일 대신 주일을 지킨다."

제칠일 예수 재림 안식교(이하 안식교) 교인들은 이 부분을 인정하지 않지만, 그래도 여기까지는 우리 주장이 설득력 있다. 문제는 그 다음이다. 그렇다면 '안식일에는 이렇게 해야 한다'라는 율법의 규례들을 안식일이 아닌 주일에 모이는 우리가 문자 그대로 지켜야만 하는가? 이게 과연 주님의 뜻인가? 우선 안식일과 관련한 구절들을 살펴보자.

"이는 엿새 동안에 나 여호와가 하늘과 땅과 바다와 그 가운데 모든 것을 만들고 일곱째 날에 쉬었음이라 그러므로 나 여호와가 안식일을 복되게 하여 그날을 거룩하게 하였느니라"(출 20:11).

"너는 기억하라 네가 애굽 땅에서 종이 되었더니 네 하나님 여호와가 강한 손과 편 팔로 거기서 너를 인도하여 내었나니 그러므로 네 하나님 여호와가 네게 명령하여 안식일을 지키라 하느니라"(신 5:15).

안식일의 핵심은 이름 그대로 '쉼' 혹은 '그침'이다. 그런데 시간이 흐르면서, 안식일과 관련해 어감이 다른 말씀들이 등장한다.

"안식일에는 너희의 모든 처소에서 불도 피우지 말지니라"(출 35:3).

"여호와께서 이와 같이 말씀하시되 너희는 스스로 삼가서 안식일에 짐을 지고 예루살렘 문으로 들어오지 말며"(렘 17:21).

그 연장선상에서 예루살렘 백성들은 이렇게까지 다짐한다.

"혹시 이 땅 백성이 안식일에 물품이나 온갖 곡물을 가져다가 팔려고 할지라도 우리가 안식일이나 성일에는 그들에게서 사지 않겠고 일곱째 해마다 땅을 쉬게 하고 모든 빚을 탕감하리라 하였고"(느 10:31).

여기서 멈추지 않는다. 세월이 흐르면서 백성들은 안식일과 관련해 점점 더 까다로운 규정과 세법들을 만들어 내기 시작했다. "어느 거리 이상은 걸을 수 없다. 무엇을 가질 수 없다. 이동을 못한다. 들 수 없다. 일정 무게 이상은 안 된다. 안식일에 일할 수 있는 직종과 일할 수 없는 직종은 이러이러하다." 미쉬나(Mishnah)와 탈무드(Talmud)에 기록된 이런 세법들이 바벨론 포로 이후부터 점점 더 많아져 나중에는 그 자체가 율법처럼 굳어져 버렸다. 그래서 백성들이 임의로 만든 조항들을 지키지 않는 것은 곧 안식일을 지키지 않는 것으로 간주되었다. 장로들이 만들어 낸 유전이었음에도 불구하고 말이다.

여기에서 우리는 갈등이 생긴다. 장로들이 만들어 낸 유전과 그에 따른 소소한 규정들은 그렇다 치자. 만일 "안식일은 이렇게 지켜야 한다"라는 식으로 우리에게 주일을 지키라고 한다면 주일 날 집에 불을 피우지 말아야 한다. 어깨에 가방도 메서는 안 된다. 돈은 절대로 쓸 수 없다. 곡물이나 음식을 사 먹어서도 안 된다. 왜냐하면 율법에 명백히 기록되어 있기 때문이다. 과연 무엇이 되고, 무엇이 안 되는 것인가? 이것도 성경에, 저것도 성경에 기록되어 있는데, 누가 그것을 구분 짓는단 말인가?

율법에 따르면, 토끼나 돼지고기를 먹을 수 없다(레 11:6, 7). 지느러미와 비늘 없는 고기도 먹을 수 없다(레 11:10, 11). 날개가 있으면서 기어 다니는 곤충 또한 먹을 수 없다(레 11:23). 네 발로 다니는 모든 짐승 중 발바닥으로 다니는 것은 다 부정하다. 그래서 먹을 수 없다(레 11:27). 하지만 우리는 다 먹는다. 게다가 맛있게 먹는다. 우리는 이 성경, 율법에 기록된 말씀을 분명 지키지 않고 있다. 그러면서도 가책은 전혀 느끼지 않는다.

율법은 명백히 말한다. "안식일에는 처소에 불을 피우지 말라." 그러나 주일 날, 우리는 따뜻한 방에 앉아 있다. 게다가 다른 사람들을 향해 주일을 지키지 않는다고 정죄하기까지 한다. 내가 하는 것은 로맨스, 남이 하는 것은 스캔들인가? 이것이 오늘날 우리가 빠져 있는 영적 딜레마다.

율법에서 자유하는 길은 오직 십자가

이러한 딜레마를 어떻게 풀 것인가? 방법은 오직 하나다. 이 모든 율법 조항들을 들고 골고다 십자가 앞에 나아가는 것이다. 그때 십자가 위에서 이런 음성이 들린다. "다 이루었다." 이 말은 대신 완전하게 하셨다는 뜻이다. 주님은 십자가 위에서 율법을 완성하셨다. 이것은 완성하시고, 저것은 완성하지 않으신 것이 아니다. 십자가에서 그 음성을 듣는 순간, 우리는 모든 율법에서 자유하게 되었다.

"진리를 알지니 진리가 너희를 자유롭게 하리라"(요 8:32).

그러므로 우리는 이제 "안식일에 불 피워서는 안 된다", "가방을 메서도 안 된다", "이런 음식도 먹어서는 안 된다" 등의 구약 율법에 얽매일 필요가 없다. 죄책감을 느낄 필요도 없다. 구약 율법이 명령한 소, 양, 염소를 끌고 하나님 앞에 나갈 필요가 없다.

"그러므로 이제 그리스도 예수 안에 있는 자에게는 결코 정죄함이 없나니·이는 그리스도 예수 안에 있는 생명의 성령의 법이 죄와 사망의 법에서 너를 해방하였음이라 율법이 육신으로 말미암아 연약하여 할 수 없는 그것을 하나님은 하시나니 곧 죄로 말미암아 자기 아들을 죄 있는 육신의 모양으로 보내어 육신에 죄를 정하사 육신을 따르지 않고 그 영을 따라 행하는 우리에게 율법의 요구가 이루어지게 하려 하심이니라"(롬 8:1-4).

우리는 자유인이다. 그렇다고 모든 것에서 자유인이라는 말은 아니다. 뭐든지 마음대로 해도 되고, 마음대로 살아도 된다는 말이 아니다. 다시 말해 자신의 생각과 감정이 추구하는 대로 살아도 된다는 말이 아니다.

"그리스도께서 우리를 자유롭게 하려고 자유를 주셨으니 그러므로 굳건하게 서서 다시는 종의 멍에를 메지 말라"(갈 5:1).

내 마음과 기분대로 사는 것은 다시 사탄의 종이 되는 것이다. 그렇다면 어떻게 사는 것이 참 신앙인, 자유인의 모습인가? 그 구체적인 방법이 신약에 나타나 있다. 무려 1,051가지다. 구약의 613가지보다 배 가까이 더 많다. 섬김의 종으로 이 땅에 오셔서 자유를 주신 그분을 바라보며 말씀대로 살아가는 것이다. 부담스러운가? 아담은 단 한 개의 율법도 지키지 못했다. 구약 시대 사람들도 613가지 율법을 지키지 못했다. 하지만 우리는 1,051가지의 말씀을 지켜야 한다. 가능한 일인가? 절대 불가능하다. 그러나 걱정하지 말라. 우리 안에 성령께서 계신다. 성령께서 우리를 도우시며 힘 주실 것이다.

  초대 교회 당시에 성령 충만한 역사가 나타났다. 그때 성도들은 어떻게 했는가? 일주일에 한 번 모이는 정도가 아니었다. 날마다 마음을 같이하여 성전에 모였다(행 2:46). 10분의 1 정도가 아니다. 견디기 어려운 환난과 가난 속에서도 풍성한 예물을 주께 드렸다(고후 8:2). 성령께서 힘을 주시니 이렇게 할 수 있었다. 우리 안에 계신 성령님은 모든 것을 감당하게 하신다. 넉넉히 이기게 하신다. 나아가 영적 성벽을 다시 쌓게 하신다. 이제 다시 믿음으로 인봉에 동참하라. 자신의 능력을 믿지 말고 오직 성령님을 의지해 다짐하라. "나는 이렇게 살겠습니다"라고 결단하라. 주의 성령이 함께하실 것이다.

11장
예배의 자리를 채우라

느헤미야 11:1-6

**최근** 청와대 터를 놓고 이런저런 말들이 있다. 말하자면 논란의 핵심은 이렇다. "지난 천 년 가까이 도읍지(궁궐) 역할을 해 온 청와대 터가 이젠 그 용도를 다한 것이 아닌가?" 고(故) 박정희와 고(故) 노무현 전(前) 대통령은 실제로 청와대를 옮기려고 했었다. 박 전 대통령은 1977년 2월, "임시 행정수도 건설"이란 핵폭탄 발언을 했다. 그리고 "백지 계획"이란 암호 아래 준비를 진행시켰다. 2년 후인 1979년 5월, 최종안이 대통령에게 보고되었고, 마침내 실행하기로 결정되었다. 충남 공주시 장기면 일대가 천도 예정지였다. 그런데 몇 달 후 대통령이 서거했고 "백지 계획"은 문자 그대로 백지화되고 말았다.

그로부터 20여 년이 지난 후 이번에는 노무현 전 대통령이 공기업 지방 이전과 함께 행정수도 이전 프로젝트인 "행복도시 계획"을 밀어붙였다. 그러나 막바지에 헌법재판소가 위헌 판결을 내려

행정수도 이전은 좌절되었다. 대신 행정 부처만 옮기는 것으로 축소 변경되어 지금의 세종시가 탄생했다.

이른바 '풍수'를 한다는 사람들은 이런 분위기를 이용해 입방아를 찧는다. "땅의 기운이란 것도 결국 사람이다. 그런데 사람이 흩어지는 것은 곧 기운이 흩어지는 것이다. 이는 청와대의 용도가 다했다고 볼 수밖에 없다"는 것이다. 결국 문제는 사람이다. 사람이 모이느냐, 떠나느냐가 관건이다.

"백성의 지도자들은 예루살렘에 거주하였고 그 남은 백성은 제비 뽑아 십분의 일은 거룩한 성 예루살렘에서 거주하게 하고 그 십분의 구는 다른 성읍에 거주하게 하였으며 예루살렘에 거주하기를 자원하는 모든 자를 위하여 백성들이 복을 빌었느니라"(느 11:1, 2).

며칠 전 광화문 근처에 갔다가 건물에 걸린 시를 보고 마음이 동한 적이 있다. 나태주 시인의 시화집 『너도 그렇다』(종려나무, 2012)에 실린 "풀꽃"이라는 시다.

자세히 보아야 예쁘다.
오래 보아야 사랑스럽다.
너도 그렇다.

짧지만 강렬한 시다. 하지만 대충 보면 의미가 없다. 자세히 그리고 오래 봐야 남다른 의미로 다가온다. 물론 시인은 여기저기 핀 풀꽃을 보면서 이런 아름답고 멋있는 시를 썼을 것이다. 하지만 들에 핀 꽃만을 노래한 것일까? 사람 중에도 풀꽃 같은 이들이 있다. 우선 '풀꽃' 하면 떠오르는 사람이 어머니다. 아내 역시 떠오른다. 그러다 문득 '성경'이 떠올랐다. 말씀 앞에서 오랫동안 씨름했기 때문일까? 이럴 때야 비로소 하나님의 간절한 바람과 음성을 들을 수 있기 때문일까? 우리 모두 말씀을 오래 곱씹음으로 그 속에서 하나님의 간절한 바람과 세미한 음성을 듣기 바란다.

도망가기 바쁜 사람들

느헤미야 11장을 보면 분위기가 심상치 않다. 때는 천신만고 끝에 예루살렘 성을 다시 세운 직후다. 그런데 예루살렘 성에 살겠다고 자원하는 이들이 많지 않은 듯하다.

"백성의 지도자들은 예루살렘에 거주하였고 그 남은 백성은 제비 뽑아 십분의 일은 거룩한 성 예루살렘에서 거주하게 하고 그 십분의 구는 다른 성읍에 거주하게 하였으며 예루살렘에 거주하기를 자원하는 모든 자를 위하여 백성들이 복을 빌었느니라"(느 11:1, 2).

느헤미야 11장 시작 부분에서 우선 주목할 것은 '거주하다'라는 단어다. 이에 해당하는 히브리어는 '야샤브'(ישב)로, 정확하게 번역하면 "지도자들도 거주하게 했고, 백성들도 거주하게 했다"이다. 즉 "여기서 살라고 억지로 주저앉혔다"는 뜻이다.

다음으로 '제비 뽑았다'는 말이 나온다. 인기 있는 아파트를 분양하듯, 다시 세운 예루살렘 성에 거주하려는 사람들이 너무 많아 고육지책(苦肉之策)으로 제비를 뽑았는가? 아니다. 이와 정반대다. 예루살렘에 거주하기를 희망한 자들이 너무 적어 제비를 뽑았다. 뽑힌 사람은 마지못해 주저앉았다.

느헤미야 11장 2절 말씀은 더욱 놀랍다. 백성들이 예루살렘 성에 거주하겠다고 자원한 자들을 안쓰럽게 바라보며 복을 빌고 있다. 지금 상황으로 설명하면 이렇다. 누군가 목회자의 길을 걸어가려 한다. 사람들이 안쓰러운 눈빛으로 바라보며 복을 빈다. "고생할 게 뻔하니 참 안됐다. 하지만 그렇게 살겠다고 자원했으니 잘 살아봐라. 하나님이 너에게 복 주시길 바란다." 바로 이런 의미다. 마치 리브가가 아브라함이 보낸 몸종을 따라 얼굴도 한 번 본 적이 없는 사내에게로 시집 가겠다고 하니 그의 어머니와 형제들이 마지못해 복을 빌어 준 것과 다를 바 없다(창 24:60).

이제 당시 분위기를 정확히 알겠는가? 폐허가 된 성을 새롭게 잘 단장했다. 그렇다면 당연히 그곳에 살고 싶어해야 하는 것 아닌가? 더군다나 예루살렘은 지금의 서울과 같은 곳 아닌가? 그런데 모두가 그곳에 살고 싶어하지 않는다. 왜 이들은 새로 건축한 예루살렘에 거주하려 하지 않는가? 이 의문을 풀기 위해서는 보다 근본적인 문제, "왜 느헤미야는 사람들이 기를 쓰고 거주하지 않으려는 예루살렘 성을 다시 건축했는가?"라는 질문부터 던져야 한다.

과연 행복하다고 할 수 있는지

예루살렘의 역사를 잠시 살펴보자. 예루살렘이 수도가 된 것은 다윗 왕 시대(B.C. 1,010-970)다. B.C. 1,010년 왕위에 오른 다윗은 이스라엘 남쪽에 위치한 헤브론을 수도로 정하고 그곳에서 7년 7개월 동안 나라를 다스렸다(삼하 2:4). 그 후 그는 헤브론의 북쪽에 위치한 해발 800미터의 여부스 땅을 싸움에서 얻어 그곳으로 천도했고, 그곳을 '예루살렘'이라 불렀다(삼하 5:6-9).

다윗 왕이 예루살렘을 수도로 정한 이유가 무엇인가? 그곳은 지형상 이스라엘 중앙에 위치해 있으면서 동시에 천연요새였기 때문이다. 예루살렘은 동쪽으로는 기드론 계곡, 남동쪽으로는 힌놈

골짜기가 빙 둘러싸고 있어 적의 침공으로부터 비교적 안전했다. 하지만 이것이 결정적 이유는 아니었다. 다윗 왕이 이곳을 수도로 삼고 '예루살렘'이라 이름을 붙인 것에는 다른 이유가 있었다.

창세기 14장 18절을 보면, 살렘 왕 멜기세덱이 이곳을 통치한 기록이 나온다. 멜기세덱은 '의의 왕'이라는 뜻으로, 예수 그리스도를 묘사하는 신비로운 존재다. 그가 다스린 곳이 바로 이곳이다. 또 하나, 아브라함이 아들을 제물로 바친 유서 깊은 모리아 산이 바로 이곳에 있다(창 22:2). 지금도 이곳에 가면, '이삭을 바친 곳'이라 해서 바위 하나가 있다. 이런 이유로 다윗 왕은 이곳을 수도로 정하고 이에 예루살렘, 곧 '평강의 기초'란 이름을 붙인 것이다.

예루살렘은 이처럼 처음부터 남다른 도시였다. 당시에는 한 나라의 수도가 아니라 그 이상의 특별한 성이었다. 이곳에는 하나님의 성전이 있었다. 따라서 예루살렘 하면 모두가 한 나라의 수도보다는 하나님의 성전을 떠올렸다. 매 절기마다 하나님께 예배하기 위해 전국의 백성들이 예루살렘으로 모여들었다. 예루살렘의 존재는 이처럼 절대적이었다. 시간이 흐르면서 '예루살렘'이란 단어는 '수도'라는 의미보다는 '성전이 있는 곳', '예배하는 곳', '순례하는 곳', '하나님을 만나는 곳'이라는 의미로 뇌리에 더욱 또렷하게 기억되었다.

"다니엘이 이 조서에 왕의 도장이 찍힌 것을 알고도 자기 집에 돌아가서는 윗방에 올라가 예루살렘으로 향한 창문을 열고 전에 하던 대로 하루 세 번씩 무릎을 꿇고 기도하며 그의 하나님께 감사하였더라"(단 6:10).
"예루살렘아 내가 너를 잊을진대 내 오른손이 그의 재주를 잊을지로다"(시 137:5).
"예루살렘을 사랑하는 자들이여 다 그 성읍과 함께 기뻐하라 다 그 성읍과 함께 즐거워하라 그 성을 위하여 슬퍼하는 자들이여 다 그 성의 기쁨으로 말미암아 그 성과 함께 기뻐하라"(사 66:10).

여기서 이들이 예루살렘 성을 바라보았다는 말인가? 아니다. 성전을 바라보며 기도했다는 뜻이다. 바로 성전을 그리워하고 사랑했다는 뜻이다.

이렇게 예루살렘 성은 종교적 특성이 강한 곳으로 점점 변해 갔다. 더불어 생활의 규제가 심해지면서 지켜야 할 법규도 많아졌다. 이곳에 살려면 신경 써야 할 부분이 너무 많았다. 게다가 절기가 되면 이곳저곳에서 친척들이 몰려와 일주일, 아니 길게는 50일 동안 머물다 갔다. 이들의 뒤치다꺼리를 다 해야 했다. 절기가 어디 한두 번인가? 종갓집 제사를 떠올리면 상상이 쉬울 것이다.

그렇다면 다른 부분에서 보상이 따랐는가? 그렇지 못했다. 해발 800미터 고지에 있다 보니 우선 식수가 절대적으로 모자랐다.

상권이 형성되지 않은 도시이다 보니 돈을 벌기에도 적합하지 않았다. 예루살렘은 주변의 비옥한 유다 평야에 비해 척박한 땅이었다. 당시에는 농업과 목축업이 주산업이었는데, 예루살렘에서는 이런 작업이 쉽지 않았다. 그래서 예루살렘 성에 사는 사람들은 대체로 가난했다. 한마디로 주거지로서의 가치가 전혀 없는 성읍이 바로 예루살렘이었다.

보통 한 나라의 수도는 생활기반 시설이 잘 구축되어 있다. 돈을 벌 수 있는 기회도 많고, 편의시설도 잘 갖춰져 있다. 그래서 많은 사람이 수도로 몰려들고, 또 살기 원한다. 그런데 예루살렘은 그와 정반대였다. 기름지지 못하고 몹시 메마른 이 땅에 누가 와서 살고 싶겠는가?

B.C. 586년, 예루살렘 성이 함락되었다. 성벽이 무너지며, 문짝이 부서지고, 성전이 다 헐려 흔적도 없이 사라졌다. 거기다 성전 기물(器物)들은 모두 빼앗겼다. 슬픈 일이었지만, 한편으로 사람들은 "옳다구나, 이때다" 하고 미련 없이 예루살렘을 떠났다. 평소에 가고 싶던 땅, 즐기고 싶던 곳을 향해 보따리를 쌌다(창 12:10; 룻 1:1-5; 욘 1:1-3). '한 번뿐인 인생, 즐기면서 살면 그만이지!' 하며 예루살렘을 떠나 그 동안 눈여겨보던 곳으로 갔다.

"그 성읍은 광대하고 그 주민은 적으며 가옥은 미처 건축하지 못하였음이니라"(느 7:4).

"그 나머지 이스라엘 백성과 제사장과 레위 사람은 유다 모든 성읍에 흩어져 각각 자기 기업에 살았고"(느 11:20).

일반 백성들뿐 아니라 제사장과 레위 사람까지 그 성을 다 떠났다. 예루살렘은 텅 비어 버렸다. 몇몇 사람만 남고 다 떠났다. 힘없고 가난한 소수만 남았을 터다.

이집트의 수도인 카이로(Cairo) 근교에 가면 흥미로운 곳이 있다. 이곳은 한때 문명이 매우 발달했던 지역이었으나 지금은 넓은 공동묘지로 변했다. 흥미롭게도 이 공동묘지 안에서 생활하는 사람들이 있었다. 거처를 마련할 여력이 없어 전기도 없는 열악한 곳에서 시신과 함께 생활한 것이다. 당시 폐허가 된 예루살렘에 남은 거민들도 이와 비슷한 처지였다. 그야말로 갈 곳 없는 자들, 죽지 못해 살아가는 자들만이 남아 있었다.

이처럼 폐허가 된 다른 성들의 현주소는 어떤가? 이탈리아 남부, 나폴리 만(灣) 연안에 있던 고대 도시 폼페이(Pompeii)는 천혜의 쾌적한 도시였다. 이곳에 무려 2만 명의 사람들이 살고 있었다. 그런데 A.D. 79년 8월 24일 오후 1시, 화산이 폭발하기 시작했다. 베수비오(Vesuvio) 화산의 대폭발로 2-3m 두께의 화산재가 시가지를 덮어 버렸다. 화산재와 부석이 덮쳐 그 화려했던 도시는 폐허가 되고 말았다. 2천 년이 지난 지금도 흉물스럽게 버려져 있다.

또 소아시아의 일곱 교회가 있던 도시들 가운데 가장 부요했던 라오디게아를 보라. "나는 부자라 부요하여 부족한 것이 없다"(계 3:17)라고 자만했던 그 도시는 지금 어떤가? 또한 지구 역사상 가장 신비했던 멕시코의 마야(Maya) 문명과 페루의 잉카(Inca) 문명은 지금 어떤가? 그렇게 견고했던 여리고 성의 현주소는 어떤가? 한 번 폐허가 된 도시는 대부분 그대로 방치된다. 다시 복원하지 않는다. 그대로 두고 다른 곳에 새로운 도시를 만든다.

예루살렘에 대해 사람들은 더욱 그랬을 것이다. 신의 노여움과 심판을 받은 성읍을 바라보며 누가 다시 세울 생각을 했겠는가? 그래서 버려진 채로, 무려 140여 년이나 흘렀다. 예루살렘은 이제 사람들의 뇌리에서 점점 사라졌다. 사람들은 이제 하나님의 성전에 관심을 두지 않았다. 한두 번 빠지니 절기도, 예배도, 기도도 점점 희미해져만 갔다. 게다가 자신이 어디에서 어떻게 살아야 하는 자인지에 대한 정체성조차 모호해져 갔다. "저 성 밖 사람들처럼 돈 벌고, 일하며, 또 즐기고, 출세하면 그만이지!"라며 그저 이런 것에 가치를 두며 살게 되었다. 사람들에게 이것이 전부가 되어 버렸다. 눈에 보이는 성이 텅 빈 것 이상으로 이들 가슴에서 하나님에 대한 신앙, 믿음, 열정도 텅 비어 버렸다. 그야말로 텅 빈 신앙이 되어 버렸다.

바로 이런 성을 느헤미야가 다시 세운 것이다. 그는 단순히 수도 성읍만 다시 세운 것이 아니다. 예루살렘이라는 성, 그 속에 담긴 정신, 신앙, 정체성도 다시 세우려 한 것이다. 무너진 하나님에 대한 신앙, 텅 빈 믿음을 다시 채우고 회복하기 위해 성전 건축에 나선 것이다.

행복, 아름다운 성전에서

느헤미야가 예루살렘 성읍을 굳이 다시 세운 이유가 무엇인지 이제 알겠는가? 그곳에 백성들을 억지로 머물게 한 이유를 알겠는가? 물론 말로는 이렇게 다짐한다.

"우리가 우리 하나님의 전을 버려두지 아니하리라"(느 10:39).

하지만 백성들은 어떻게 하는가? 예루살렘을 남겨 둔 채 떠나려 한다. 이런 백성들을 불러 세운다.

먼저 백성의 지도자들로 하여금, 예루살렘에 거주하도록 권한다. "너희가 먼저 본이 되어야 한다. 너희가 여기를 채우지 않으면 누가 채우겠는가? 너희가 머물지 않으면 누가 머물고 싶어하겠는가?"

그 다음 제비를 뽑는다. 그중 10분의 1은 예루살렘에 머물도록 조치를 취한다.

"제비는 사람이 뽑으나 모든 일을 작정하기는 여호와께 있느니라"(잠 16:33).

불편하지만, 이것이 바로 하나님의 뜻이다. 어렵고 신경 쓰이는 일이 많은 것이 사실이다. 분명 제약도 많을 것이다. 그럼에도 이곳 예루살렘에 머물기를 간절히 부탁한다. 느헤미야의 이 조치에 다행스럽게도 자원하는 자들이 나타난다.

"예루살렘에 거주하기를 자원하는 모든 자를 위하여 백성들이 복을 빌었느니라"(느 11:2).

매우 중요한 메시지다. 눈에 보이는 외곽의 성만 새로 세우는 게 전부가 아니다. 중요한 것은 예루살렘을 비워 두지 않는 것이다. 사람으로 채우라는 것이다. 건물이 아니라 사람이 중요하다. 그곳에서 하나님을 예배하라는 것이다. 찬양, 기도, 교제, 헌신, 봉사하는 사람들로 예루살렘을 채우라는 것이다.

누가복음 14장에 보면 밭을 산 자는 '아무래도' 하며 떠난다(눅

14:18). 소 다섯 겨리를 산 자는 '청컨대' 하면서 떠난다(눅 14:19). 장가든 자는 '그러므로' 하며 떠난다(눅 14:20). 주인의 집을 남겨 둔 채 제 갈 길로 간다.

"주인이 종에게 이르되 길과 산울타리 가로 나가서 사람을 강권하여 데려다가 내 집을 채우라"(눅 14:23).

주인의 집에 사람을 채우는 이 일에 누가 앞장 서고 희생하며 모범을 보여야 하는가? 먼저 백성의 지도자들이다. 지도자가 솔선수범해야 한다. 즉 모범을 보여야 한다. 그래서 장로, 안수집사, 권사가 아닌가? 그 다음, 제비 뽑힌 자들이 있다. 이곳저곳에서 섬기라고 임명된 자들이다. 하나님의 뜻으로 알고 순종하는 것이다. 또한 기쁨으로 자원하는 자들이 나타나야 한다. 직분, 사명, 그 어떤 것을 받지 않았다 할지라도 자원해서 나서야 한다. 다른 사람들에게 기대하기 전에 나부터 움직여야 한다. 내가 먼저 몸으로 빈 곳을 채워야 한다. 내가 채워야 할 자리가 있다. 주일예배, 찬양예배, 수요예배, 금요 기도회, 성경공부 모임, 새벽기도 등 내가 채워야 할 자리가 있다.

"그러므로 형제들아 내가 하나님의 모든 자비하심으로 너희를 권하노니

"너희 몸을 하나님이 기뻐하시는 거룩한 산 제물로 드리라 이는 너희가 드릴 영적 예배니라"(롬 12:1).

"모이기를 폐하는 어떤 사람들의 습관과 같이 하지 말고 오직 권하여 그 날이 가까움을 볼수록 더욱 그리하자"(히 10:25).

몸이 멀어지면 마음, 열정, 사랑도 자연히 멀어진다. 교회에 참여하는 횟수가 줄어들면 나도 모르게 관심, 헌신, 사모하는 마음도 자연히 줄어든다. 내가 예루살렘을 비우면 하나님, 믿음, 사명, 열정도 내 안에서 점점 사라진다. 하지만 내가 예루살렘을 채우면 하나님, 믿음, 사명, 열정도 내 안에 점점 충만해진다. 비움과 채움은 불가분의 관계다. 나는 지금 내 몸으로 예루살렘을 채우고 있는가? 아니면 텅 빈 채로 내버려 두고 떠나 있는가?

하나님이 에덴동산에서 선악과를 따 먹지 말라고 하신 것도, 주일을 거룩하게 지키고 십일조를 온전히 지키라 하신 것도 이유는 단 하나다. 하나님을 인정하며 의식하고, 그분께 마음을 두게 하기 위함이다. 내 마음에 그분을 채우기 위함이다. 그러기 위해서는 먼저 내 몸으로 이 성전을 채워야 한다.

교회는 영적 예루살렘이다. 잠시 자신의 모습을 돌아보라. 나는 교회에 어떤 태도로 임하고 있는가? 깊게 들어가는 것을 주저하는가? 세상의 터전, 보금자리, 즐거움을 포기하고 싶지 않은가? 우리가 예배, 헌신, 봉사할 때 하나님이 함께하신다는 사실을 잊었는가? 하나님이 계신 그 자리에 바로 내가 존재해야 한다는 사실을 잊었는가? 내가 내 몸으로 채워야 할 자리가 있다는 사실을 잊었는가?

"나의 사랑하는 자가 내게 말하여 이르기를 나의 사랑, 내 어여쁜 자야 일어나서 함께 가자 겨울도 지나고 비도 그쳤고 지면에는 꽃이 피고 새가 노래할 때가 이르렀는데 비둘기의 소리가 우리 땅에 들리는구나 무화과나무에는 푸른 열매가 익었고 포도나무는 꽃을 피워 향기를 토하는구나 나의 사랑, 나의 어여쁜 자야 일어나서 함께 가자 바위 틈 낭떠러지 은밀한 곳에 있는 나의 비둘기야 내가 네 얼굴을 보게 하라 네 소리를 듣게 하라 네 소리는 부드럽고 네 얼굴은 아름답구나"(아 2:10-14).

느헤미야 11장에 기록된 사람들을 보라. 한결같이 예루살렘에 거주한 자들이다(느 11:4, 6). 이들은 초라하지만 예루살렘에 초막을 짓고 그곳에 거주했다. 이들이야말로 영적 성벽을 쌓은 자들이다. 그래서 느헤미야는 이들의 이름, 숫자, 심지어 몇 대손인지까지 기록한 것이다. 하나님 보시기에 얼마나 귀한 자들인가?

우리도 이처럼 하나님 보시기에 귀한 자들이 되기를 바란다. 초라하지만 초막을 짓고 한결같이 성전을 지키는 자들이 되길 바란다. 예배, 헌신, 섬김의 자리에서 도망가지 말고, 몸과 마음으로 그 자리를 채우는 귀한 성도들이 되길 바란다.

12장
즐거움으로 천국을 맛보라

느헤미야 12:40-43

 느헤미야는 "여호와로 인하여 기뻐하는 것이 너희의 힘이니라"(느 8:10)고 고백했다. 이 얼마나 가슴 뛰는 고백인가? 하지만 세상 사람들은 돈과 명예, 학벌과 인맥, 외모만을 힘으로 믿고 살아간다. 이런 것만이 최고라 여기고 살아가는 자의 종말은 어떤가? 모두 사라지고 만다. 성경은 말한다. "네가 그곳을 자세히 살필지라도 없으리로다"(시 37:10). 찬송가의 한 구절이 생각난다. "우리 주 목소리 한 번만 발하면 천하에 모든 것 망하겠네"(찬 70장). 따라서 "귀인들을 의지하지 말며 도울 힘이 없는 인생도 의지하지 말아"(시 146:3)야 한다. "여호와를 기뻐하는 것!" 이것이야말로 영원한 힘이다. 그래서 다윗은 "나의 힘이신 여호와여 내가 주를 사랑하나이다"(시 18:1)라고 고백했다.

하나님의 식탁 앞에서

성경 느헤미야를 1장부터 차근차근 살펴보았다. 이제 정말 중요한 메시지가 담긴 마지막 부분에 다다랐다. 바로 느헤미야 12장이다. 이번 장의 핵심은 예루살렘 성벽 봉헌식이다(느 12:27). 불타고 짓밟혀 오랜 기간 폐허로 버려졌던 예루살렘이 완전히 복원되었다. 여기까지 오는 데 참으로 우여곡절이 많았다. 부정적인 여론이 들끓은 것은 물론이고, 방해꾼들이 말과 행동으로 성벽 건축을 훼방했다. 이 모든 어려움을 극복하고 마침내 예루살렘 성벽 건축이 끝났다. 새 예루살렘이 웅장한 모습으로 드러났다. 드디어 이제 봉헌식을 연다. 느헤미야 12장은 이 과정을 자세하게 밝히고 있다.

그날 봉헌식은 무척 흥미롭게 진행되었다. 우선 참여자 전체를 두 무리로 나누었다. 그중 한 무리는 예루살렘 성 오른쪽 분문을 향해 나아가 샘문을 거쳐 수문에까지 이르렀다. 이 행렬의 앞자리에는 에스라가 섰다(느 12:31-37). 다른 한 무리는 왼쪽으로 나아가 풀무 망대와 옛 문, 어문을 거쳐 앞으로 갔다. 이 행렬의 앞자리에는 느헤미야가 섰다(느 12:38, 39). 나팔 등 각종 악기들을 동원해 소리 높여 찬양하며 앞으로 나아갔다. 축제 분위기는 한껏 무르익었고, 온 성에 이 소식이 퍼졌다. 이렇게 행진하던 두 무리가 어디에서 만났는가?

"이에 감사 찬송하는 두 무리가 하나님의 전에 섰고 또 나와 민장의 절반도 함께하였고"(느 12:40).

하나님의 전에서 만난 무리가 무엇을 했는가?

"이날에 무리가 큰 제사를 드리고 심히 즐거워하였으니 이는 하나님이 크게 즐거워하게 하셨음이라 부녀와 어린아이도 즐거워하였으므로 예루살렘이 즐거워하는 소리가 멀리 들렸느니라"(느 12:43).

느헤미야 12장 43절에 '즐거워하다'라는 단어가 무려 네 번이나 반복된다. 더 자세히 보니 '즐거워하다'라는 단어를 '심히', '크게', '모두', '멀리'라는 부사가 수식하고 있다. 적당히 즐거워하는 게 아니라 그야말로 온 세상에 퍼지도록 즐거워하고 있다는 말이다. 또한 이 구절 앞뒤에 있는 표현들이 무척이나 흥미롭다.

'주를 찬양하며 감사하고'(느 12:24), "감사하며 노래하며 제금을 치며 비파와 수금을 타며 즐거이 봉헌식을 행하려 하매"(느 12:27), '노래하는 자들'(느 12:28, 29), '감사 찬송하는 자'(느 12:31), '감사 찬송하는 다른 무리'(느 12:38), '감사 찬송하는 두 무리'(느 12:40), '노래하는 자는 크게 찬송하였는데'(느 12:42), '즐거워하기 때문이라'(느 12:44), '노래하는 자의 지도자'(느 12:46), '찬송하는 노래와 감사하는 노래'(느 12:46), '노래하는 자들'(느 12:47) 등 찬양하고 노래하는 표현이 쉼 없이 반복되고 있다. 그리고 마침내 느헤미야 12장 43절에서 절정을 이룬 것이다.

우선 여기 복원된 '새 예루살렘'이 상징하는 것이 무엇인지를 살펴보자.

> "또 내가 새 하늘과 새 땅을 보니 처음 하늘과 처음 땅이 없어졌고 바다도 다시 있지 않더라 또 내가 보매 거룩한 성 새 예루살렘이 하나님께로부터 하늘에서 내려오니 그 준비한 것이 신부가 남편을 위하여 단장한 것 같더라……보좌에 앉으신 이가 이르시되 보라 내가 만물을 새롭게 하노라"(계 21:1, 2, 5).

천국의 모습이다. 폐허로 변해 버린 예루살렘 성이 다시 깨끗이 복원되고 이 성에서 수많은 백성들이 큰 제사를 드리고 있다. 다 함께 기뻐하며 즐거워하는 이 모습은 분명 저 천국의 모습을 상징적으로 보여 주고 있다. 성경은 천국에 대해 이렇게 말한다.

> "모든 눈물을 그 눈에서 닦아 주시니 다시는 사망이 없고 애통하는 것이나 곡하는 것이나 아픈 것이 다시 있지 아니하리니 처음 것들이 다 지나갔음이러라"(계 21:4).

천국의 분위기가 다소 낯설게 느껴지는가? 이렇게 기뻐하며 즐거워해 본 적이 까마득하기 때문일 것이다. 언제 이렇게 기뻐하며 즐거워했는가? 박장대소하며 즐거워한 게 언제인가? 마음속 깊은 곳에서부터 즐거움이 찾아와 웃어 본 적이 언제인가?

우리 교회에서 열린 찬양 경연대회 때 일이다. 경연에 앞서 심사 위원장이 심사 규정을 발표하면서 표정과 웃음이 중요하다고 했다. 그러자 각 팀 지휘자들이 한결같이 두 손을 자기 뺨에 대고 웃으라는 시늉을 보냈다. 무대에 선 이들이 웃으려고 애쓰는 모습이 안쓰러울 정도였다. 왜 그렇겠는가? 우리 몸에 있는 650개의 근육 중 얼굴 근육이 무려 80개라고 한다. 이 근육들이 조화롭게 움직일 때 가장 환한 웃음, 미소가 피어난다. 그런데 평소에 이 근육들을 사용하지 않았으니 굳어져 버린 것이다. 그리고 이 굳어진 근육을 억지로 움직여 보려니 당연히 어색할 수밖에 없다.

이 대회의 양념은 교역자들의 순서였다. 동물원 원숭이가 된 것마냥 열심히 망가지리라 결심하고 무대에 섰다. "두근두근 콩닥콩닥 가슴이, 두근두근 콩닥콩닥 떨려요. 사랑하는 나의 예수님, 예수님 때문에."

막상 무대에 서니 성도들 모습이 한눈에 들어왔다. 정말 다들 환한 표정이었고, 행복해 보였다. 그런데 굳은 표정을 절대 풀지 않는 몇몇이 있었으니, 바로 남자 성도들이었다. 함께 즐기기보다 '나를 웃게 하는지 어디 한번 두고 보자'는 표정이었다.

　남자들은 집에서도 문제다. "남편은 집에 두면 근심 덩어리, 데리고 나가면 짐 덩어리, 마주 앉아 있으면 웬수(!) 덩어리, 혼자 보내면 사고 덩어리, 며느리에게 맡기면 구박 덩어리"라며 우스갯소리를 한다. 최근 어떤 통계를 보니, 아내가 바라본 남편 모습이 이와 같았다.

　1위, 집에서 말을 하지 않는다.
　2위, 웃지 않는다.
　3위, 집에 돌아와서도 자기 일에만 몰두한다.
　4위, 청결하지 못하다.
　5위, 방귀, 트림을 거침 없이 한다.
　6위, 옷을 벗고 집안을 왔다 갔다 한다.

　아내들이 느끼듯 말 없이 웃지 않는 것이 남편들의 가장 큰 문제다. 실제로 남녀의 평균 수명이 7세 정도 차이가 나는데, 이는 남자가 여자보다 덜 웃기 때문이다.
　한 기사에 따르면, 캘리포니아 버클리 대학교(University of California, Berkeley)의 대커 켈트너(Dacher Keltner)와 리앤 하커(LeeAnne Harker) 교수가 밀스 대학(Mills College)의 1960년도 졸업생 141명을

대상으로 30년 동안 '웃음'이란 주제로 연구했다고 한다. 졸업생들이 함께 찍은 졸업 사진을 유심히 살펴보니, 세 명을 제외한 모든 여학생들이 웃고 있었는데, 그중 진짜 미소를 띤 사람은 절반 정도였다고 한다. 후에 이 여학생들이 27, 47, 52세가 될 때마다 만나서 결혼이나 생활의 만족도를 조사했는데 놀랍게도 졸업 사진에서 진짜 미소를 짓고 있던 그 여학생들이 대부분 결혼해서 30년 동안 행복하게 살고 있었다는 것이다. 평소에 잘 웃는 사람이 건강하게 행복한 결혼 생활을 한다는 사실을 증명한 셈이다.

웃음이 얼마나 중요한지 "낙하산과 얼굴은 펴지지 않으면 죽는다"라는 말이 있을 정도다. 또한 18세기 프랑스 시인 세바스티앙 샹포르(Sebastian Chamfort)는 "가장 황량한 날이란 한 번도 웃지 않았던 날"이라고 말했다. 그런데도 우리는 잘 웃지 않고 살아간다. 이런 우리를 무엇이라 표현하면 적절할까?

> "이르되 우리가 너희를 향하여 피리를 불어도 너희가 춤추지 않고 우리가 슬피 울어도 너희가 가슴을 치지 아니하였다 함과 같도다"(마 11:17).

즐거워할 줄도 모르고 슬퍼할 줄도 모르는 게 지금 우리의 자아상(self-image)이다. 그러니 마음껏 즐거워하는 이 봉헌식 분위기가 낯설 수밖에 없다. 그런데 진짜 문제는, 이 새 예루살렘 성이 장차 우리가 가게 될 천국을 상징한다는 점이다. 천국을 사모한다고 쉽게 말은 한다. 그러나 정작 천국을 마주하면 불편해한다. 참 아이러니한 일이다.

우리 내면에는 묘한 심리가 자리 잡고 있다. 바로 낯선 곳에 대한 거부감이다. 정말 천국에 가고 싶은가? 지금 당장, 천국에 가고 싶은가? 이 세상이 너무 힘들고 어지러워서 하루라도 빨리 천국에 가고 싶은가? 그러나 재미있게도, "네"라는 대답이 선뜻 나오지 않는다. 참 이상한 심리다.

즐거움, 미리 맛보는 천국의 맛

한국 교회와 기독교 전반에 깔려 있는 부조리를 날카롭게 지적한 『갑각류 크리스천』(테리토스, 2012) 레드 편을 보면 마지막 장에 '아! 내 안에 천국은…'이라는 글이 실려 있다. 저자는 천국을 놓고 두 가지 고민을 한다. 아니, 고민하는 정도가 아니다. 저자는 '전혀' 천국에 가고 싶지 않다고 고백한다. 그가 밝힌 이유 가운데 하나는 '사랑하는 사람이 지옥에 있는데 나만 천국에 간다고 과연 행복할까?'였다. 그리고 천국을 묘사하는 성경 구절들이 전혀 감동을 주지 않는다고 말한다. 그는 이슬람이 묘사하는 천국을 아주 대조적으로 인용했다. 이슬람 경전인 '코란'(Koran)에서는 천국을 매우 구체적으로 묘사하고 있다고 한다. 예를 들면, "이슬람 청년이 총각인 채 순교하면 천국에서 열일곱 명의 숫처녀와 매일 돌아가면서 밤을 보낸다"라는 식이다. 심지어 "순교자의 직계 가족은 어떤 죄를 지어도 천국에 들어간다"라고 기록되어 있다. 그래서 저자는 십자가에 돌아가신 주님 앞에 죄책감을 느끼면서도 천국에 가고 싶지 않다고 말한다. 참 솔직한 고백이나, 다른 한편으론 매우 가슴 아픈 현실이다. 이 책의 마지막 장을 덮는데 "옥 목사, 너는 정말 천국 가고 싶냐?"라는 음성이 들리는 것 같았다.

당신은 어떤가? 정말 천국에 가고 싶은가? 아이러니하게도 많은 그리스도인이 "나중에 천국 가고 싶어요!"라고 되뇌이며 천국과는 한참 멀리 서 있다. 한결같이 단 하루라도 천국에 늦게 가고 싶어 버티고 또 버틴다. "믿음 좋다" 하는 분들도 얼마나 건강을 챙기는지 말로는 그럴 듯한 변명들을 늘어놓지만 사실은 그렇지 않다. 좀 더 이 세상에 살고 싶은 것이다. 만일 그토록 천국을 소망한다면 그렇게까지 할 필요가 없을 것이다.

왜 이런 이중적인 마음이 드는 것일까? 내 솔직한 마음을 들여다보며 두 가지 이유를 생각했다.

첫 번째 이유는 이렇다. 나는 천국이 있음을 믿는다. 천국이 있음을 믿기에 지옥도 있음을 믿는다. 결국 '천국' 아니면 '지옥'이다.

이 천국과 지옥은 영원히 계속된다. 그런데 내 운명은 어떻게 될지 모른다. 물론 예수님을 믿지만 심판하시는 분은 내 중심을 살피시는 하나님이시지 않은가? 해도 달도, 불꽃 같으신 그분 앞에서는 명랑치 못하다. 우리는 모두 그분이 심판하실 날을 향해 나아가고 있다. 그 심판대 앞에서 무엇을 받겠는가? 그날이 점점 가까워지고 있다. 왜 그런지 늘 불안하다. 그래서 좀 부족해도, 미움과 다툼, 괴로움과 고통이 있어도 여기가 좋다. 이 땅에 조금이라도 더 머물면서 심판을 미루고 싶은 마음이 내 안에 있다(마 7:21; 롬 10:9, 10). 이런 까닭에 지금은 천국에 가고 싶지 않다. 천국에 가더라도 천천히 가고 싶다. 시간을 벌어 내 죄를 조금 더 용서받고 싶다. 선한 일을 좀 더 많이 해서 하나님 마음에 들고 싶다.

두 번째 이유는 더 중요한데, 우리에게 천국은 너무 낯설다. 죽음 후의 세계에선 나 자신도 완전히 다른 나일 테니 낯설 뿐이다. 환경도 완전히 다른 환경이다(계 21:3, 4).

하나님은 나와 함께 계신다. 그분은 전지전능하신 분이다. 무엇보다 천국은 기쁨과 즐거움이 넘치는 곳이다. 그래서 그곳이 무척이나 낯설다. 아니 두렵기까지 하다. 나만 이런 생각을 갖고 있을까? 바울도 이렇게 고백한다.

"우리가 담대하여 원하는 바는 차라리 몸을 떠나 주와 함께 있는 그것이라"(고후 5:8).

"우리는 주의 두려우심을 알므로 사람들을 권면하거니와 우리가 하나님 앞에 알리어졌으니 또 너희의 양심에도 알리어지기를 바라노라"(고후 5:11).

여기서 '우리가 담대하여'라는 표현을 놓치지 말아야 한다. 바울은 '천국'을 소망했지만 늘 두려웠다. 그래서 담대함이 필요했다. 천국은 보통 심장으로는 열망할 수 없는 곳이다. 왜냐하면 이곳과는 무척이나 다른 곳이기 때문이다. 하나님은 우리의 이런 마음을 잘 아신다. 그래서 이 땅에 살면서 그 천국의 맛을 조금이나마 맛보게 하신다.

"이날에 무리가 큰 제사를 드리고 심히 즐거워하였으니 이는 하나님이 크게 즐거워하게 하셨음이라 부녀와 어린아이도 즐거워하였으므로 예루살렘이 즐거워하는 소리가 멀리 들렸느니라"(느 12:43).

하나님은 이처럼 우리에게 즐거움을 주셨다. 왜 이스라엘 백성에게 돈, 권세, 집이 아닌 다른 즐거움을 주셨을까? 즐거움은 천국 그 자체이기 때문이다. 기쁨의 근원 되시는 분은 바로 하나님이시다. 이 하나님이 지금 새 예루살렘에 모여든 주의 모든 백성에게 즐거움을 주신다. 또한 즐거워하게 하신다. 지금은 비록 땅 위에 살지만 그들로 하여금 천국을 미리 맛보고 익혀 적응하도록 이끄신다.

영원한 것을 갈망함

몇 년 전, 한국 최초의 우주인이 탄생했다. 최종 두 명이 선정되었고, 그중 한 여성이 10일 동안 우주 정거장에 머물다 돌아왔다. 우주는 분명 지구와는 전혀 다른 환경이다. 우주인이 붕붕 떠다니며 생활하는 것을 모두 보았을 것이다. 그런데도 이 낯선 우주에 가는 우주인을 선발할 때 어떤 일이 벌어졌는가? 무려 3만 명이나 모여들었다. 모두 우주로 가겠다고 자원한 사람들이다. 실제 우주는 지금 우리가 사는 땅과 엄청나게 다른 환경인데도 모두 가고 싶어 안달이다.

왜 그렇게 많은 사람이 그곳에 가고 싶어 했을까? 우주는 전혀 새로운 것을 경험할 수 있는 곳이다. 하지만 그곳에 먼저 갔다 온 사람들이 있기 때문에 어느 정도 그곳을 알고 있다. 아는 만큼 두려움도 사라지기 마련이다. 그런데 천국은 갔다 온 사람이 없다. 오직 예수님을 통해서만 천국을 알 뿐이다. 그래서 예수님은 이렇게 말씀하셨다. "또 여기 있다 저기 있다고도 못하리니 하나님의 나라는 너희 안에 있느니라"(눅 17:21). 이 땅에 살면서 천국을 미리 경험하고 익히는 것은 대단히 중요하다. 분위기를 익히면 담대해진다. 오히려 그곳을 갈망하게 된다. 그렇다면 어떤 자들에게 이 즐거움을 주시는가?

첫째, '돌아온 자'에게 즐거움을 주신다(느 12:1).

> "스알디엘의 아들 스룹바벨과 예수아와 함께 돌아온 제사장들과 레위 사람들은 이러하니라"(느 12:1).

이들은 '돌아온' 자들이다. 바벨론과 페르시아에서 돌아온 자들이다. 비록 그곳에서 태어나 호의호식을 했을지 몰라도 이들은 그곳을 고향으로 생각하지 않았다. 그래서 그곳에 있는 모든 것을 다 내려놓고, 예루살렘으로 돌아왔다. 바로 이들이 지금 하나님이 주시는 즐거움의 주인공들이다.

리처드 라이드(Richard Leider)는 자신의 책 『인생의 절반쯤 왔을 때 깨닫게 되는 것들』(*Repacking your bags: lighten your load for the rest of your life*, 위즈덤하우스)에서 이렇게 말한다.

> "행복이란 줄에 묶인 애완견이 아니라 어깨 위에 앉은 매와 같다. 그것은 언제든지 날아갈 수 있고 또 언제든지 돌아올 수 있다. 행복은 자유롭게

돌아다닐 공간이 필요하다. 행복을 풀어 줘 보라. 그러면 당신은 더 행복해질 것이다."

지금 붙잡고 있는 세상적인 것을 내려놓을 때 즐거움이 찾아온다.

둘째, '함께하는 자'에게 즐거움을 주신다(느 12:1, 40, 42).

느헤미야 12장은 '함께'라는 단어로 시작해 그들이 모두 함께하는 모습을 묘사하고 있다. 그들은 모두 함께했다. 함께 감사하며, 함께 찬송하고, 함께 새 예루살렘 성을 향해 나아갔다. 즉 함께하는 데 힘썼다. 누구를 '왕따'시키지 않았다. 진정한 즐거움은 절대 혼자 누릴 수 없다. 혼자만의 즐거움은 즐거움이 아니다. 함께할 때 비로소 진짜 즐거움이 된다.

셋째, '삶의 현장에서 하나님을 드러낸 자'에게 즐거움을 주신다.

그들이 한 일을 보라. 돌을 지며, 흙을 퍼서 나르고, 보초를 섰다. 아주 평범한 일상을 살면서도 결국은 하나님의 영광을 드러냈다. 이런 자가 바로 즐거움의 주인공이다. 세상에는 두 종류의 사람이 있다. 일을 통해 자기를 드러내는 자와 하나님을 드러내는 자다. 하나님을 드러내는 자에게 주시는 선물이 바로 '즐거움'이다. 열심히 일하는데도 기쁨과 즐거움이 없다면 혹시 자신을 드러내기 위해 혈안이 되어 있지 않은지 돌아봐야 한다. 평범한 일상에서 맡은 바 일을 하면서 하나님을 드러내라. 그러면 자연스럽게 나도 드러난다. 그리스도 안에서 즐거워하는 내가 드러난다. 그 마음속에 진정한 기쁨이 찾아올 것이다.

칼 루이스(Carl Lewis)는 '갈색 탄환', '총알 탄 사나이', '육상 황제' 등의 다양한 수식어가 따라다닐 정도로 수많은 신화를 이룩한 육상 선수다. 그런 그가 100미터 달리기를 할 때면 항상 80미터 지점에서 씨익 웃었다. 사람들이 이유를 묻자 그는 이렇게 말했다.

"나머지 20미터는 웃기 때문에 더 잘 달릴 수 있다."

나머지 20미터야말로 이를 악물고 달려야 할 최후의 순간이다. 그래서 모두 잔뜩 찡그린 채 달린다. 하지만 칼 루이스는 그 고통의 순간을 웃으며 달렸고 남들보다 더 좋은 기록을 남겼다. 우리는 어떤 얼굴로 믿음의 경주를 하고 있는가? 진정으로 천국에 가고 싶은가? 지금 당장 가고 싶은가? 입술로는 "아멘!" 하면서도 사실 마음속으로는 하루라도 늦게 가려고 아등바등하고 있지는 않은가? 심판대 앞에 설 자신이 없어 이런 마음이 드는 것일 수 있다. 천국이 너무 낯설기 때문일 수 있다. 하지만 더 중요한 이유는 진정한 웃음도, 진정한 기쁨도 맛보지 못했기 때문은 아닐까?

하나님은 즐거움의 근원이시다. 즐거움을 주시는 분이다. 이 즐거움을 누리기 위해 우선 지금의 자리에서 떠나라. 주님 앞에서 모든 것을 내려놓으라. 그리고 삶의 현장에서 하나님을 드러내라. 무엇보다 믿음의 성도들과 함께하라. 이런 자들에게 천국은 더 이상 두려움의 대상이 아니다. 즐거움을 맛본 자들에게 천국은 소망의 대상으로 다가올 것이다.

13장
위조된 힘을 분별하라

느헤미야 13:1–3, 14

정의론 분야의 세계적인 학자이자, 공동체주의 이론의 대표적인 4대 이론가로 손꼽히는 마이클 샌델(Michael Sandel) 교수는 하버드 대학교(Harvard University)에서 지난 20년 동안 "정의(Justice)란 과연 무엇인가?"란 주제를 놓고 학생들과 씨름했다. 매년 천여 명의 학생이 이 수업에 참여했다. 사실 7천 명도 채 안 되는 학부생 가운데 무려 천 명의 학생들이 듣는 샌델 교수의 강의는 하버드 대학교에서 가장 인기 있고 영향력 있는 수업이다. 그만큼 큰 관심사였다는 말이다. 그는 자신의 책에 이 강의 내용과 연구 결과를 담았고, 이는 전 세계적인 베스트셀러가 되었다.

이 책은 2010년 『정의란 무엇인가』(*Justice : What's the Right Thing to Do?*, 김영사)란 제목으로 국내에 소개되어 우리나라에서 '정의' 열풍을 일으켰다. 책에 따르면 정의를 판단하는 세 가지 기준은 '행

복', '자유', '미덕'이다. '자유사회의 시민은 타인에게 어떤 의무를 지는가?', '정부는 부자에게 세금을 부과해 가난한 사람을 도와야 하는가?', '자유시장은 공정한가?', '진실을 말하는 것이 잘못일 때도 있는가?', '도덕적으로 살인을 해야 할 때도 있는가?' 등 우리가 시민으로 살면서 부딪히는 어려운 질문들을 설득력 있게 풀어간다.

여기서 샌델 교수는 지난 2004년 8월 13일, 플로리다(Florida)주를 휩쓸었던 허리케인 찰리(Hurricane Charley)를 예로 들며 문제를 제기한다. 이 거대한 허리케인이 지나간 후 어느 주유소는 평소 2천 원에 팔던 얼음 주머니를 1만 원에 팔았고, 평소 25만 원 정도 하던 가정용 소형 발전기는 200만 원에 팔았다. 또 한 할머니는 이 허리케인을 피해 모텔에 몸을 피했는데, 평소 4만 원이면 충분했던 숙박비를 무려 18만 원이나 내야 했다. 이른바 한탕주의가 판을 친 것이다. 이렇게 되자 법은 어떻게 해야 하며, 사회는 또 어떻게 해야 하는지 논쟁이 붙기 시작했다. 결국 "과연 정의란 무엇인가?"라는 질문 앞에 모두 서게 됐다. 정의란 행복의 극대화인가, 자유의 존중인가, 미덕의 추구인가? 문제는 이 세 덕목이 서로 다른 각도에서 정의를 바라본다는 점이다.

샌델 교수는 "한 개인의 자기 성찰만으로는 정의의 의미나 삶의 최선책을 발견할 수 없다"고 보았다. 또한 "치열한 논쟁을 통해 '정의'를 정의해야 한다"고 주장했다. 이런 면에서 그는 '정의란 무엇인가'를 규정하기 위해 고대 그리스의 철학자 아리스토텔레스 (Aristoteles, B.C. 384-322)를 시작으로 18세기 독일의 철학자 임마누엘 칸트(Immanuel Kant, 1724-1804), 그리고 20세기 미국의 윤리학자이며 정치 철학자인 존 롤스(John Rawls, 1921-2002)에 이르기까지 공리주의자들과 자유주의자들, 그리고 미덕을 강조했던 자들의 주장을 역사적으로 나열했다.

그렇다면 샌델 교수가 지난 20년 동안 연구한 결과는 무엇인가? 그는 400페이지가 넘는 이 책에서 이렇게 결론 내린다. "정의란 공리주의도 자유주의도 아닌 미덕으로 가능하다." 적어도 내가 읽고 정리한 바로는 그렇다. 나는 이 책을 통해 어떤 '관념'이나 '주의'(ism), 아니 '단어'의 개념을 파악하고 분석하여 정의한다는 것이 결코 쉬운 일이 아님을 깨닫게 되었다. 우리는 쉽게 말을 내뱉지만 그게 정말 '때에 맞는 말'(잠 15:23)인가? 하나님은 '믿음'이란 단어의 의미를 밝히기 위해 '아브라함'의 전 생애를 동원하셨다. '인내'가 무엇인지를 보여 주기 위해 '욥'의 생애를 동원하셨다. 또한 '영광'이 무엇인지를 알게 하기 위해 '요셉'의 전 생애를 사용하셨다. 특별히 '은혜'란 단어의 의미를 우리에게 알려 주시기 위해 독생자 예수 그리스도를 이 땅에 보내시어 십자가의 고통을 겪게 하셨다(엡 2:8, 9).

'믿음', '인내', '영광', '은혜' 등과 같은 단어 못지않게 중요한 단어가 바로 '힘'이다. 과연 '힘'이란 무엇인가? 하나님은 이 단어의 의미를 우리에게 알려 주시기 위해 느헤미야를 사용하셨다. 그의 전 생애를 통해 '힘이란 무엇인가'를 보여 주셨다. 느헤미야를 보면 힘이 보인다.

옳은 힘을 발휘할 때

느헤미야는 '여호와를 기뻐하는 것'이 '힘'이라고 정의한다(느 8:10, 개역한글). 이 정의는 세상의 논리와 관념과는 달라도 너무 다르고 멀어도 너무 멀다. 예수님은 마태복음 5장에서 '복'을 이렇게 정의하셨다. 복이란 가난한 것이다. 우는 것이다. 목마른 것이다. 박해를 받는 것이다. 너무나 의외의 설명이다. 그래서 예수님의 말씀을 들은 사람들은 놀랐다.

> "예수께서 이 말씀을 마치시매 무리들이 그의 가르치심에 놀라니 이는 그 가르치시는 것이 권위 있는 자와 같고 그들의 서기관들과 같지 아니함일러라"(마 7:28, 29).

힘도 마찬가지다. 느헤미야가 말하는 힘은 우리가 흔히 생각하는 것과는 거리가 멀다. 느헤미야는 친절하게 설명한다. 먼저 여호와를 기뻐하는 것이 어떤 것인지 언급한다. 그리고 13장에서 여호와를 기뻐하는 것이 왜 힘인지에 대해 결론을 내린다.

앞서 느헤미야 1장을 통해 '여호와를 기뻐하는 것'이 무엇인지를 다섯 가지로 정리했다.

첫째, '말씀을 기뻐하는 것'이다. 즉 말씀을 청종하며 순종하는 것이다(신 28장). 말씀이 곧 하나님이기 때문이다(요 1:1).

"태초에 말씀이 계시니라 이 말씀이 하나님과 함께 계셨으니 이 말씀은 곧 하나님이시니라"(요 1:1).

둘째, '하나님의 성전을 사모하는 것'이다. 관심을 갖는 것이다(시 84:1, 2). 하나님은 성전에 이름을 두시고 밤낮으로 성전을 보고 계신다(왕상 8:29).

"만군의 여호와여 주의 장막이 어찌 그리 사랑스러운지요 내 영혼이 여호와의 궁정을 사모하여 쇠약함이여 내 마음과 육체가 살아 계시는 하나님께 부르짖나이다"(시 84:1, 2).

"주께서 전에 말씀하시기를 내 이름이 거기 있으리라 하신 곳 이 성전을 향하여 주의 눈이 주야로 보시오며 주의 종이 이곳을 향하여 비는 기도를 들으시옵소서"(왕상 8:29).

셋째, '진정으로 회개하는 것'이다. 특히 느헤미야는 140년 전, 그 아득한 옛날에 나라가 망한 것이 자신의 죄 때문이라고 자복했다(느 1:6).

넷째, '진심으로 기도하는 것'이다. 느헤미야는 편안한 상황 속에서도 눈물을 흘리며 기도했다. 더욱이 여러 날 동안 금식하며 기도했다.

> "이제 종이 주의 종들인 이스라엘 자손을 위하여 주야로 기도하오며 우리 이스라엘 자손이 주께 범죄한 죄들을 자복하오니 주는 귀를 기울이시며 눈을 여시사 종의 기도를 들으시옵소서 나와 내 아버지의 집이 범죄하여"(느 1:6).

다섯째, '약한 자들과 함께하는 것'이다(마 25:40). 이것이 여호와를 기뻐하는 것이다.

> "임금이 대답하여 이르시되 내가 진실로 너희에게 이르노니 너희가 여기 내 형제 중에 지극히 작은 자 하나에게 한 것이 곧 내게 한 것이니라 하시고"(마 25:40).

느헤미야는 당시 페르시아의 수산 궁에 있었다(느 1:1). 수산 궁은 황제의 별장이다. 빼어나게 아름답고 안전한 곳이다. 그는 이곳에서 왕의 술 맡은 관원으로 일했다(느 1:11). 매일 왕께 올리는 산해진미(山海珍味), 각양각색의 진귀한 술과 포도주를 왕보다 먼저 시식하는 위치에 있었다. 그러니 하루하루의 생활이 그야말로 왕과 다를 바 없는 나날이었다. 무엇이 아쉽고 부러웠겠는가? 그런데 이상하게도 느헤미야는 황폐해진 예루살렘에 가는 것, 더욱이 그곳에 있는 백성들과 함께하는 것이 '형통'이라고 확신한다(느 1:11). 이것이 '여호와를 기뻐하는 것', 곧 '힘'이라고 믿었기 때문이다. 그래서 페르시아의 영광을 뒤로하고 폐허로 변해 버린 예루살렘을 향한다.

예루살렘에 다다른 느헤미야는 즉시 예루살렘 성을 다시 세우는 일에 적극적으로 나선다. 이 과정에서 여러 가지 장애물도 나타났다. 특히 산발랏, 게셈, 도비야는 협박과 모략으로 온갖 방해 공작을 펼쳤다. 그들은 변화가 싫었던 것이다. 주도권을 빼앗길까 봐 두려웠던 것이다. 사람들이 느헤미야를 중심으로 하나되는 것도 마땅치 않았다. 그들은 겉으로는 예루살렘 거민이었지만, 실상은 사탄과 같은 존재였다. 하지만 느헤미야는 이 모든 어려움을 극복하고 드디어 예루살렘 성을 완성한다. 마침내 봉헌식도 올린다. 이 사건의 절정이 바로 느헤미야 12장 43절이다.

"이날에 무리가 큰 제사를 드리고 심히 즐거워하였으니 이는 하나님이 크게 즐거워하게 하셨음이라 부녀와 어린아이도 즐거워하였으므로 예루살렘이 즐거워하는 소리가 멀리 들렸느니라"(느 12:43).

다시 세워진 새 예루살렘, 회복된 새 예루살렘은 무엇을 상징하는가? 장차 우리가 영원히 살게 될 천국의 모형이다. 그곳에서 우리는 무엇보다 먼저 큰 제사를 드리며 기뻐하고 즐거워할 것이다.

"이 일 후에 내가 보니 각 나라와 족속과 백성과 방언에서 아무도 능히 셀 수 없는 큰 무리가 나와 흰 옷을 입고 손에 종려 가지를 들고 보좌 앞과 어린 양 앞에 서서 큰 소리로 외쳐 이르되 구원하심이 보좌에 앉으신 우리 하나님과 어린 양에게 있도다 하니 모든 천사가 보좌와 장로들과 네 생물의 주위에 서 있다가 보좌 앞에 엎드려 얼굴을 대고 하나님께 경배하여 이르되 아멘 찬송과 영광과 지혜와 감사와 존귀와 권능과 힘이 우리 하나님께 세세토록 있을지어다 아멘 하더라"(계 7:9-12).

그날이 오면 우리는 모두 즐거워하되 심히, 크게, 모두, 멀리 즐거워할 것이다. 우리는 그날을 사모한다. 그리고 그곳을 바라보며 나아간다. "비전"(1997)이라는 찬양을 다 함께 불러 보자.

"우리 보좌 앞에 모였네. 함께 주를 찬양하며

하나님의 사랑 그 아들 주셨네. 그의 피로 우린 구원받았네.

십자가에서 쏟으신 그 사랑 강같이 온 땅에 흘러

각 나라와 족속 백성 방언에서 구원받고 주 경배 드리네.

구원하심이 보좌에 앉으신 우리 하나님과 어린 양께 있도다.

구원하심이 보좌에 앉으신 우리 하나님과 어린 양께 있도다."

위조된 힘의 분별 1, 사람

느헤미야 13장에는 드디어 천국 시민의 모습이 나온다. 이 땅에서 죄와 사탄, 죽음과 싸워 승리한 자들, 즉 천국 시민의 모습이다. 죄와 사탄, 그리고 죽음을 이긴, 바로 힘 있는 자들의 모습이다. 힘이 없다면 절대 죄와 사탄, 죽음을 이길 수 없다. 이런 점에서 느헤미야 13장은 1장과 깊은 관련이 있다. 어느 성경이든지 1장에서 문제를 제기하면 마지막 장은 그 문제에 대한 해답을 제시한다.

느헤미야 1장은 "여호와를 기뻐하는 것이란 말씀과 성전을 사모하고, 기도와 회개로 나아가며, 나아가 이웃을 사랑하는 것"이라고 정리했다. 하나님은 이 모든 것 가운데 힘을 주신다. 하나님이 힘이 되시면 구체적으로 어떤 모습일까? 천국 시민은 과연 어떤 힘을 지닌 사람들일까?

느헤미야 13장에 그 모습이 묘사되어 있다. 13장은 크게 세 단락으로 나눌 수 있다. 첫 번째 단락은 1-14절, 두 번째 단락은 15-22절, 세 번째 단락은 23-31절까지다. 바로 '기억하옵소서'(느 13:14, 22, 31)란 단어를 기준으로 나뉜다. 우선 첫 번째 단락(1-14절)을 살펴보자.

첫째, '사람'을 구별하는 힘이다. 이스라엘 공동체를 해치려 하는 사람을 구별했고, 과감히 잘라 냈다.

"그날 모세의 책을 낭독하여 백성에게 들렸는데 그 책에 기록하기를 암몬 사람과 모압 사람은 영원히 하나님의 총회에 들어오지 못하리니"(느 13:1).

느헤미야 13장은 '그날'이라는 단어로 시작한다. 그날이 언제인가? '그날'은 느헤미야 12장 43절 사건의 연장선상으로 바로 그날을 가리킨다. 큰 제사를 드리고, 심히, 크게, 모두, 멀리 즐거워하던 바로 그날이었다. 새 예루살렘, 저 천성의 생활이 시작된 바로 그날이었다. 그날 모세의 책을 낭독했다. 이스라엘 백성은 들은 말씀을 자신에게 주시는 말씀으로 받아들이고 곧 실천했다. 놀랍게도 '곧', '모두'(느 13:3) 실천했다.

"백성이 이 율법을 듣고 곧 섞인 무리를 이스라엘 가운데에서 모두 분리

하였느니라"(느 13:3).

제일 먼저 암몬 사람과 모압 사람을 공동체에서 분리했다. 이들은 옛날 사사 시대에 이스라엘 공동체로 들어왔다. 사실 하나님은 이들이 이스라엘 백성 사이에 들어오지 못하게 하라고 말씀하셨다.

"암몬 사람과 모압 사람은 여호와의 총회에 들어오지 못하리니 그들에게 속한 자는 십대뿐 아니라 영원히 여호와의 총회에 들어오지 못하리라"(신 23:3).

한마디로 그들과 함께하지 말고 쫓아내라는 말씀이었다. 그런데 이스라엘 백성은 어떻게 했는가? 사사기는 온통 '쫓아내지 않았다. 못했다'란 말로 이스라엘 백성의 불순종을 기록한다. 그 결과, 어떻게 되었는가?

"그들이 너희 옆구리에 가시가 될 것이며 그들의 신들이 너희에게 올무가 되리라 하였노라"(삿 2:3).

이 말씀대로 그들은 이스라엘의 옆구리에 가시와 올무가 되었고, 결국 그들 때문에 나라가 망하게 되었다. 여기서 하나님은 아프지만 잘라 내라고 분명히 말씀하신다. 이에 이스라엘 백성은 이런저런 이유를 붙여 미적미적하지 않았다. 물론 이유나 토도 달지 않았다. '곧' 분리했다. 또한 '모두' 분리했다. 바로 사람을 구분하는 힘이 백성들에게 생겨났다는 말이다.

> "속지 말라 악한 동무들은 선한 행실을 더럽히나니"(고전 15:33).
> "너희는 믿지 않는 자와 멍에를 함께 메지 말라 의와 불법이 어찌 함께 하며 빛과 어둠이 어찌 사귀며 그리스도와 벨리알이 어찌 조화되며 믿는 자와 믿지 않는 자가 어찌 상관하며"(고후 6:14, 15).

수술할 부분은 과감히 도려 내야 그 몸이 산다. 우리 자신을 돌아보라. 과연 나의 모압, 암몬은 누구인가?

위조된 힘의 분별 2, 장소

둘째, '장소'를 구별하는 힘이다. 느헤미야는 하나님의 성전을 더럽힌 모든 것들을 내다 버림으로써 정결하게 했다.

> "내가 심히 근심하여 도비야의 세간을 그 방 밖으로 다 내어 던지고 명

령하여 그 방을 정결하게 하고 하나님의 전의 그릇과 소제물과 유향을 다시 그리로 들여놓았느니라"(느 13:8, 9).

우리에게는 분명 구분해야 할 장소와 자리가 있다. 성도로서 버려야 할 장소가 있고, 지켜야 할 자리가 있다. 예수님 역시 공생애 동안 매우 인상에 남는 일을 하셨다.

"유대인의 유월절이 가까운지라 예수께서 예루살렘으로 올라가셨더니 성전 안에서 소와 양과 비둘기 파는 사람들과 돈 바꾸는 사람들이 앉아 있는 것을 보시고 노끈으로 채찍을 만드사 양이나 소를 다 성전에서 내쫓으시고 돈 바꾸는 사람들의 돈을 쏟으시며 상을 엎으시고"(요 2:13-15). "성전에 들어가사 장사하는 자들을 내쫓으시며 그들에게 이르시되 기록된 바 내 집은 기도하는 집이 되리라 하였거늘 너희는 강도의 소굴을 만들었도다 하시니라"(눅 19:45, 46).

한편 엘리야는 갈멜 산에서 무너진 여호와의 제단을 새롭게 다시 지었다. 여호와의 응답을 바라기 전 먼저 장소와 자리를 구별한 것이다.

"그가 여호와의 이름을 의지하여 그 돌로 제단을 쌓고 제단을 돌아가며 곡식 종자 두 세아를 둘 만한 도랑을 만들고 또 나무를 벌이고 송아지의 각을 떠서 나무 위에 놓고 이르되 통 넷에 물을 채워다가 번제물과 나무 위에 부으라 하고"(왕상 18:32, 33).

또한 시편 1편에서는 복 있는 사람의 특징을 자세히 이야기한다. 여기에도 나와 있듯이 복 있는 사람은 자리를 구별한다. 그는 결코 오만한 자의 자리에 앉지 않는다.

"복 있는 사람은 악인들의 꾀를 따르지 아니하며 죄인들의 길에 서지 아니하며 오만한 자들의 자리에 앉지 아니하고 오직 여호와의 율법을 즐거워하여 그의 율법을 주야로 묵상하는도다 그는 시냇가에 심은 나무가 철을 따라 열매를 맺으며 그 잎사귀가 마르지 아니함 같으니 그가 하는 모든 일이 다 형통하리로다"(시 1:1-3).

위조된 힘의 분별 3. 물질

셋째, '물질'을 구별하는 힘이다.

"이에 온 유다가 곡식과 새 포도주와 기름의 십일조를 가져다가 곳간에

들이므로"(느 13:12).

이 말씀은 두 가지 의미를 내포하고 있다. 우선, 하나님의 것과 내 것을 구분했다는 것이다. 아나니아와 삽비라의 비극은 하나님의 것에서 아주 작은 것을 내 것으로 취한 것에서 시작되었다. "베드로가 이르되 아나니아야 어찌하여 사탄이 네 마음에 가득하여 네가 성령을 속이고 땅 값 얼마를 감추었느냐"(행 5:3). 아무리 작은 것일지라도 그것을 탐하는 마음이 생기면, 그 작은 틈을 타고 사탄이 역사한다.

어릴 적 어머니는 부엌에 '성미통'이라는 것을 두셨다. 얼마나 배고플 때였는지, 그때는 왜 그 아까운 쌀을 따로 떼놓는지 이해할 수 없었다. 지금도 아내는 십일조 봉투를 준비해 매달 차곡차곡 돈을 모은다. 그것도 꼭 새 돈으로 말이다. 하나님의 것을 구별하는 것이다.

다음은, 내 것과 남의 것을 구분했다는 것이다. 언젠가 설렁탕집을 운영하는 한 집사님의 이야기를 들었는데 아직도 귀에 생생하다. 이 집사님은 언제나 최고의 재료들만 구해 정성껏 설렁탕을 끓였다. 그런데 하루는 뼈를 공급하는 업체의 실수로 좋지 못한 재료를 받았다. 그 사실을 미처 알지 못하고 몇 시간이나 뼈를 끓였는데, 국물 맛이 달랐다. 뒤늦게 확인해 업체의 실수를 알았다. 당신이라면 어떻게 하겠는가? 그 집사님은 가게 문에 "오늘은 재료가 신선하지 못해 장사하지 못합니다"라고 크게 써 붙였다. 맛없는 음식으로 손님의 돈을 탐내지 않겠다는 것이다.

얼마 전 총신대학교는 탐라대 매입 인수 문제로 골머리를 앓았다. 인수할 것인가를 놓고 의견이 분분해 실사를 가게 되었다. 늦은 시간, '애플망고'가 맛있다는 말을 듣고 숙소에서 가까운 과일가게를 찾아 들어갔다. 그런데 가게에는 하우스 밀감과 한라봉 두 가지만 진열되어 있었다. 애플망고를 사러 나온 것이라 그냥 돌아서서 나오는데, 주인 아주머니가 밀감을 나누어 주셨다. 거절했으나 아예 한 상자를 몽땅 주면서 나눠 먹으라고 하셨다. 미안한 마음에 한라봉이라도 사려는데, 아주머니는 오래되어 맛이 없으니 조금만 기다리면 애플망고를 구해 배달해 주겠다고 말했다. 정말 아주머니의 태도에 모두가 감동받았다. 나오면서 보니 가게 문에 '강정교회'라는 교패가 붙어 있었다. 속으로 '그럼 그렇지!' 하며 감탄을 하고 다시 들어가 가게 명함을 챙겨 나왔다.

오늘날 우리 주변에서 일어나는 안타까운 비극들은 아주 작은 일에서 출발한다. 사람을 구별하지 못하고, 장소와 물질 또한 구별하지 못하는 것이 원인이다. 나도 모르게 그 사람을, 그 장소를, 그 물질을 힘이라고 착각하는 것이다. 썩은 동아줄인 줄 모르고 말이다. 그러다 나중에 코가 꿰이는 사람이 한둘이 아니다. 전도서는

"또 내가 보았노니 종들은 말을 타고 고관들은 종들처럼 땅에 걸어 다니는도다"(전 10:7)라고 말한다.

무엇이 '힘'인가? 여호와를 기뻐하는 것이 힘이다. 여호와를 기뻐하면 하나님이 우리에게 어떤 힘을 주시는가? 사람을 구별하는 힘, 장소를 구별하는 힘, 물질을 구별하는 힘을 주신다. 이 힘을 얻으면, 죄를 이길 수 있다. 또한 사탄의 유혹과 권세를 이길 수 있다. 더 나아가 죽음을 이길 수 있다. 언제 어디서나 당당할 수 있다.

"내가 누워 자고 깨었으니 여호와께서 나를 붙드심이로다 천만 인이 나를 에워싸 진 친다 하여도 나는 두려워하지 아니하리이다"(시 3:5, 6).

우리 모두 천국 시민이 되어 저 천국에서 큰 제사를 드리며 영원히 기뻐하고 즐거워하게 되길 바란다. 죽음 후의 세계는 분리된 곳이다. 천국과 지옥은 엄격히 구분된다. 그러므로 천국에 들어가기 원하는 사람은 분리하는 힘, 곧 구별하는 힘을 지녀야 한다. 그러기 위해 우리는 두려워하거나 주저하지 말아야 한다. 다시 말해 사람과 장소, 물질로부터의 분리를 무서워하지 말아야 한다. 여호와를 기뻐하면 여호와께서 힘을 주신다. 나아가 승리하게 하신다. 이 은혜가 모두에게 넘치기를 소원한다.

에필로그

기억의 공간에서 하나님을 꿈꾸다(느 13:28-31)

온누리 교회 윤형주 장로가 부른 노래 중에 "친구의 부르는 소리"(1972)가 있다. 약 40년 전에 발표된 곡인데 가사는 이렇게 시작된다.

"저 높이서 날 부르는 소리 친구여 어서 올라오게.
싸움 많은 그곳에 있지 말고 친구여 어서 올라오게.
새가 날고 물소리가 있고 이 숲 속은 나만의 보금자리.
달이 있고 바람소리 있고 나는 여기 산 속에 살겠네.
잘난 못난 사람들아 여기로 어서 올라오게."

이 노래가 참 가슴에 와 닿는다. 마치 나를 종이라 하지 않으시고 친구라 부르시는 그분이 저 위에서 나를 부르시는 음성 같다(요

15:15). "싸움 많은 그곳에 있지 말고 친구여 어서 올라오게." 비록 가요지만 이 노래를 부르면서 예수님을 더 가까이 느낀다. 좋은 노랫말에 몰입하면 삶에도 변화가 온다.

한편 기(氣) 전문가인 정덕연구소 유원 소장은 노랫말과 관련해 흥미로운 연구 결과를 발표한 바 있다. 그는 "노랫말의 암시 효과로 생긴 뇌파가 그 가수의 삶을 지배한다"라고 주장했다. 가수가 자신의 히트곡 가사에 몰입하면 뇌파가 그대로 작용해 결국 노랫말대로 된다는 주장이다.

결국 어떤 내용이 담긴 노래를 부르느냐, 즉 어떤 말을 반복하느냐에 따라 그 개인의 미래가 결정된다는 주장이다. 완전히 믿을 만한 주장은 아니지만 어느 정도 설득력은 있어 보인다. 노래란 자신의 가슴을 담아내는 일이기 때문이다. 장용철 씨가 지은 명상 에세이를 보면 "주문"(여시아문, 2006)이란 제목의 시가 있다. 그 내용을 소개하겠다.

"무슨 소리든 만 번을 반복하면

그것이 진언(眞言)이 되어 그렇게 된다고 합니다.

당신은 지금 무슨 말을 반복하고 계십니까?

'미치겠어.' '미워 죽겠어.' '지긋지긋해.'

아무 생각 없이 반복하는 그 소리들이

당신의 인생을 정말 그렇게 만들어 가고 있는 것은 아닌지요.

맑고 향기로운 언어를 반복합시다.

그것이 곧 주문이 되어

당신의 인생을 그렇게 만들어 갈 것입니다."

예수님도 말의 위력에 대해 여러 번 말씀하셨다.

"내가 진실로 너희에게 이르노니 누구든지 이 산더러 들리어 바다에 던져지라 하며 그 말하는 것이 이루어질 줄 믿고 마음에 의심하지 아니하면 그대로 되리라"(막 11:23).

"구하라 그리하면 너희에게 주실 것이요 찾으라 그리하면 찾아낼 것이요 문을 두드리라 그리하면 너희에게 열릴 것이니"(마 7:7).

"하물며 하나님께서 그 밤낮 부르짖는 택하신 자들의 원한을 풀어 주지 아니하시겠느냐 그들에게 오래 참으시겠느냐"(눅 18:7).

"예수께서 백부장에게 이르시되 가라 네 믿은 대로 될지어다"(마 8:13).

어떤 말을 자주 쓰는가? 어떤 노래를 즐겨 부르는가? 나도 모르게 하는 말이 무엇인가? 말은 자신의 행복과 불행, 성공과 실패를 좌우한다. 말은 자신의 인격 그 자체를 담아낸다. 지금 처한 현실은 지난날 내가 무심코 한 말과 깊은 관련이 있다. 그래서 미국의 정치가 이자 과학자인 벤저민 프랭클린(Benjamin Franklin)은 "성공의 비결은 험담을 하지 않고, 상대의 장점을 드러내는 데 있다"고 했다. 또한 저명한 컨설턴트인 어니 젤런스키(Ernie Zelinski)는 자기의 책 『느리게 사는 즐거움』(*Don't Hurry, Be Happy! : 650 Smart ways to slow down and enjoy life*, 새론북스)에서 "남을 원망하고 비판하느라 기운과 시간을 허비하는 사람은 스스로 불행하다는 것을 인정하는 사람이다"라고 말하면서 "당신이 불행하다고 해서 남을 원망하느라 기운과 시간을 허비하지 말라"고 충고했다.

예수님을 생각나게 한 사람, 느헤미야

이제 느헤미야의 마지막 부분에 이르렀다. 느헤미야는 어떤 사람이었는가? 영광스럽고 화려한 대제국 페르시아의 왕을 보좌하는 최측근이었다. 하지만 그는 자기 백성들이 피폐해졌다는 소식을 듣고 그곳에 있을 수 없었다. 그래서 모든 영광과 지위를 버리고, 백성들과 함께 온갖 고난을 이겨 내기 위해 황폐해진 예루살렘으로 내려왔다. 더욱이 산발랏과 도비야, 게셈 등의 모함과 비난에도 불구하고 '새 예루살렘 성'을 완공했다. 그리고 이 새 예루살렘에 자기 백성들로 하여금 거주하게 했다. 그러자 백성들은 그곳에서 큰 제사를 드렸고, '심히, 크게, 모두, 멀리 즐거워하였다'(느 12:43).

그렇다면 예수님은 어떤 분인가? 영광스럽고 화려한 하늘 대제국에서 하나님과 함께 있던 분이다. 그러나 주님은 자기 백성들의 신음소리를 외면하실 수 없어 낮고 천한 이 땅에 내려오셨다. 그런데 백성들은 자기 땅에 오신 그분을 영접하기는커녕 오히려 멸시하고 모함했다(요 1:11). 제사장, 서기관, 바리새인 등의 비난은 극에 달했고, 결국에는 주님을 십자가에 못 박아 죽이기까지 했다. 하지만 주님은 이 모든 고난을 기꺼이 받아들이고 나아가셨다. 그분의 역점 사업은 '새 예루살렘' 건설이었다(요 14:2). 여기서 우리는 깨닫게 된다. 그분의 유일한 소망은 우리가 '새 예루살렘'에 들어가는 것이다. 우리가 그곳에서 큰 제사를 드리며, '심히, 크게, 모두, 멀리 즐거워하는' 것이다.

> "이 일 후에 내가 보니 각 나라와 족속과 백성과 방언에서 아무도 능히 셀 수 없는 큰 무리가 나와 흰 옷을 입고 손에 종려 가지를 들고 보좌 앞과 어린 양 앞에 서서 큰 소리로 외쳐 이르되 구원하심이 보좌에 앉으신 우리 하나님과 어린 양에게 있도다 하니 모든 천사가 보좌와 장로들과 네 생물의 주위에 서 있다가 보좌 앞에 엎드려 얼굴을 대고 하나님께 경배하여 이르되 아멘 찬송과 영광과 지혜와 감사와 존귀와 권능과 힘이 우리 하나님께 세세토록 있을지어다 아멘 하더라"(계 7:9-12).

이런 점에서 구약에 등장하는 여러 인물 중 느헤미야만큼 메시아의 모습을 선명하게 보여 주는 인물도 드물다. 그러므로 예수 그리스도를 본받기 원하는 사람이라면, 느헤미야를 깊이 묵상해야 한다. 느헤미야를 보면 메시아가 보인다. 느헤미야를 보면 다시 오실 재림주가 보인다. 느헤미야를 닮으면, 메시아를 닮게 된다. 그렇다면 느헤미야의 어떤 부분을 닮아야 할까?

느헤미야는 일생 동안 어떤 어휘를 가장 많이 즐겨 사용했는가? 성경 느헤미야의 마지막 절을 읽어 보자.

> "또 정한 기한에 나무와 처음 익은 것을 드리게 하였사오니 내 하나님이여 나를 기억하사 복을 주옵소서"(느 13:31).

요약하자면, "내 하나님이여, 나를 기억하사 복을 주옵소서"이다. 더 요약하면 "기억하옵소서"이다. 눈여겨보니, 느헤미야는 이 어휘를 자주 사용했다.

> "그들을 기억하옵소서"(느 13:29).
> "내 하나님이여 나를 위하여 이 일도 기억하시옵고"(느 13:22).
> "내 하나님이여 이 일로 말미암아 나를 기억하옵소서"(느 13:14).
> "나를 두렵게 하고자 한 자들의 소행을 기억하옵소서"(느 6:14).

"내 하나님이여 내가 이 백성을 위하여 행한 모든 일을 기억하사 내게 은혜를 베푸시옵소서"(느 5:19).

"이제 청하건대 기억하옵소서"(느 1:9).

먼저 짚고 넘어가야 할 것은 느헤미야가 이 글을 언제 썼느냐다. 그는 B.C. 444년에 페르시아에서 예루살렘으로 귀국해 예루살렘 성을 다시 세우는 일에 온 마음과 힘을 쏟았다. 그 후 그는 왕과의 약속을 지키기 위해 다시 페르시아로 돌아갔다. 하지만 며칠 후 다시 예루살렘으로 돌아온 그는(느 13:6) 결국 B.C. 412년경에 예루살렘에서 하나님의 부르심을 받는다. 학자들은 이런 점을 근거로 그가 현직에서 은퇴한 후 이 책을 기록했을 것이라고 추정한다. 그렇다면 느헤미야 13장은 노후에 죽음을 앞두고 쓴 자기의 유언장임에 틀림없다.

느헤미야는 사는 동안 '기억하옵소서'란 단어를 가슴에 품고 살았다. 세월이 흘러 은퇴를 하고, 하나님의 심판대 앞에 서야 할 날이 가까워졌다. 그럴수록 그는 '기억하옵소서'란 기도를 자주 올렸다. 마지막 순간, "내 하나님이여 나를 기억하사 복을 주옵소서"(느 13:31)란 말로 책을 마무리한다. 그의 삶을 이 말로 마무리했다는 뜻이다.

성숙의 절정, 나를 기억하옵소서

느헤미야가 평생 동안 품고 기도한 이 구절은 어떤 의미인가? 느헤미야는 13장 14절에서 이 구절을 제일 먼저 사용한다.

"내 하나님이여 이 일로 말미암아 나를 기억하옵소서 내 하나님의 전과 그 모든 직무를 위하여 내가 행한 선한 일을 도말하지 마옵소서"(느 13:14).

어떤 상황인지 알겠는가? 느헤미야는 이 말을 하기 전 '사람'을 구분해야 한다면서 암몬 사람과 모압 사람을 모두 구별했다(느 13:3). 더 나아가 '장소'를 구별했다(느 13:8). 또한 '물질'을 구별했다(느 13:12). 내 것과 하나님의 것, 내 것과 남의 것을 구별했다. 이 일을 과감하게 했다. 그 후 느헤미야는 자신을 돌아보았다. 남을 향해서는 구별하라고 외치면서도 정작 자신은 그렇게 살지 못했던 지난날들이 떠오른 것이다.

그래서 하나님께 기도했다. "내 하나님이여 이 일로 말미암아 나를 기억하옵소서"(느 13:14). 자기 역시 하나님 앞에서 부족한 자임을 고백한 것이다. 즉 "나도 부족한 부분이 참 많습니다. 불쌍히 여겨 주옵소서. 나를 기억해 주옵소서"라고 기도한 것이다. 느헤미야는 다른 사람을 꾸짖고, 명령하는 것에 그치지 않았다. 이처럼 느

느헤미야는 자신을 진지하게 돌아보았다.

느헤미야가 이 구절을 두 번째로 사용한 것은 언제인가?

"내가 또 레위 사람들에게 몸을 정결하게 하고 와서 성문을 지켜서 안식일을 거룩하게 하라 하였느니라 내 하나님이여 나를 위하여 이 일도 기억하시옵고 주의 크신 은혜대로 나를 아끼시옵소서"(느 13:22).

가만히 보니, 당시 유대인들이 안식일을 제대로 지키지 않고 있는 것이 아닌가? 어떤 사람은 일을 했고, 어떤 사람은 음식물을 팔기도 했다. 또 어떤 사람은 일정 거리 이상을 걸어 다녔다. 이 모습을 본 느헤미야는 참을 수 없이 화가 났다. 그래서 유다의 모든 귀인들을 꾸짖었다(느 13:17). 심지어 사람들이 안식일에 성 밖에서 자는 것조차도 허용하지 않았다(느 13:21). 그는 안식일을 지키는 문제에 대단히 단호했다.

물론 이 부분에서 우리가 놓치지 말아야 할 것은 모세가 시내산에서 받은 율법에 곁가지들이 많이 붙었다는 사실이다. 당시에는 그렇게 하는 것이 안식일을 올바르게 지키는 것이라고 확신했던 것 같다. 느헤미야 당시 안식일 제도에 대한 장로들의 유전, 즉 탈무드나 미쉬나의 규례들이 이미 전해져 내려온 것 같다. 시간이 흐르면서 곁가지들이 더욱 많이 붙어 결국 예수님이 사역하는 시기에는 안식일 제도가 상당히 왜곡되어 버렸다. 쉬라고 주신 날이 오히려 사람을 옴짝달싹 못하게 얽매는 밧줄로 변한 것이다.

본문으로 돌아가서 보면, 느헤미야는 안식일을 제대로 지키지 않는 다른 사람들을 꾸짖은 뒤에 "이 일도 기억하시옵고"라고 말한다. 자신도 완벽하지 않다는 고백이다. 안식일을 아무리 완벽하게 지키려 해도 마음에 평안과 기쁨이 없었던 것이다. 그래서 나를 불쌍히 여겨 달라는 기도가 절로 터져 나온 것이다.

세 번째로 이 구절이 쓰인 곳을 찾아보자.

"내 하나님이여 그들이 제사장의 직분을 더럽히고 제사장의 직분과 레위 사람에 대한 언약을 어겼사오니 그들을 기억하옵소서"(느 13:29).

느헤미야 13장 23절 이하에서는 혼인의 순결을 자세히 언급한다. 계속해서 28절에는 문제의 산발랏이 등장한다. 그가 어떤 자인가? 도비야, 게셈과 함께 삼총사가 되어 느헤미야가 하는 일마다 방해하고 협박하던 사람이다. 그가 이렇게 영향력을 행사해 나가자 당시 대제사장이 자기 손자를 산발랏에게 사위로 주면서 정략결혼을 시킨다. 결국 산발랏은 사돈을 통해 계속해서 영향력을 행사했고, 대제사장은 그 직분을 공의롭게 행사하지 못하는 꼴이 되고 말았다. 이 일을 알게 된 느헤미야가 기도한다.

"내 하나님이여……그들을 기억하옵소서"(느 13:29).

느헤미야는 암몬과 모압 자손들을 다 쫓아냈다. 하지만 제사장들에게는 그렇게 하지 못했다. "하나님이 세우신 하나님의 종들입니다. 불쌍히 여겨 주옵소서"라고 기도한다. 하나님께 맡기며, 오히려 그들을 위해 기도하고 있는 것이다.

왜 그랬는가? 우리는 마지막 느헤미야 13장 31절에서 그 이유를 발견한다. 느헤미야는 죽음을 눈앞에 두고 자신의 지난날을 돌아본다. 열심히 달려왔다. 온 힘을 다해 일했다. 주신 사명을 후회 없이 감당했다. 하지만 하나님 앞에서는 부끄러운 것밖에 없었다. 그래서 그는 이 기도밖에 할 수 없었다. "기억해 주옵소서." 자신 또한 하나님의 긍휼과 자비가 필요한 존재였던 것이다. 우리 역시 마찬가지다. 하나님의 긍휼과 자비가 필요하다. 불쌍히 여김을 받아야 할 존재다.

다시 말하건대, '여호와를 기뻐하는 것'이 '힘'이다. 구체적으로 어떻게 힘이 되는가? '사람', '장소', '물질'을 구분할 수 있는 힘이 생긴다. 이것은 힘의 '알파'다. 그러면 '오메가'는 무엇인가? 그것은 바로 '겸손'이다.

젊은 시절, 느헤미야는 혈기가 왕성했고, 추진력도 대단했다. 물불을 가리지 않았다. 그런데 점점 나이가 들어 어느새 은퇴를 하고, 주님 앞에 설 날이 가까워지면서는 다른 사람의 허물과 약점보다는 자신의 허물, 약점, 부족한 부분이 보이기 시작했다. 그러자 지난날의 혈기, 자기만의 아집, 흠집 내기, 두려움 없는 칼질, 정죄, 비판을 멈추게 된다. 오히려 자기 자신이 얼마나 부족한 자인지를 깨닫게 된 그는 하나님 앞에서 자신을 돌아보기 시작한다. 그래서인지 오직 한 마디만 고백할 뿐이다. "하나님이여, 나를 기억하옵소서."

신앙이 깊어진다는 것은 무슨 의미인가? 성경을 많이 아는 것인가? 혼자 거룩한 척하며 살아가는 것인가? 내가 가진 잣대로 남을 정죄하며 흠집을 내고 비판하는 것인가? 아니다. 결코 신앙은 다른 사람을 흠집 내는 것이 아니다. 오로지 자신에게 시선을 고정시키는 것이다. 신앙이 깊어질수록 자신의 원래 모습을 보고 인정하게 된다.

우리 교회의 한 권사님에게 편지 한 통을 받은 적이 있다. 글씨가 반듯하셨던 분인데, 어느 새 글씨가 삐뚤삐뚤해진 것을 보고 편지를 읽는 내내 마음이 안타까웠다.

> 목사님, 사모님!
> 무더운 날씨에 더욱 건강하시길 축원합니다.
> 저는 인생의 끝을 향해 가기 바쁩니다. 무릎, 허리, 눈, 머릿속이 점점 시원치 않습니다.

그러다 보니, 작년에 목사님 앞에서 실수를 했습니다. 나이가 89세가 되니까 머리가 둔해져 그때는 금방 생각이 안 나고 집에 와서 생각하니까 '실수했구나' 하는 것을 깨달았습니다. 목사님 죄송합니다. 또 부동산이 묶여 있어 교회에 드리는 액수도 줄어드는 것 같아 죄송합니다.

목사님께서 매주 정성을 다해 하시는 설교도 마음에 새기며 지금처럼 살고 싶은데 몇 년이나 가능할지 모르겠어요. 아무쪼록 건강하시고 충정교회를 잘 키워 주십시오.

추신, 글씨도 바르지 못해 더욱 죄송합니다.

자신을 돌아보며 하루하루를 겸손하게 사시는 이 권사님을 보면서 큰 감동을 받았다. 미국 문화의 정신적 기둥을 세운 사상가이자 시인인 랄프 왈도 에머슨(Emerson, Ralph Waldo)은 자신의 책 『스스로 행복한 사람』(끌레마, 2013)에서 '성공'에 대해 이렇게 말했다.

"자주 그리고 많이 웃는 것, 현명한 이에게서 존경을 받고 아이들에게 사랑을 받는 것, 정직한 비평가의 찬사를 듣고 친구의 배반을 참아 내는 것, 아름다움을 식별할 줄 알며 다른 사람에게서 최선의 것을 발견하는 것, 건강한 아이를 낳든 한 뙈기의 정원을 가꾸든 사회 환경을 개선하든 자기가 태어나기 전보다 세상을 조금이라도 살기 좋은 곳으로 만들어 놓고 떠나는 것, 자신이 한때 이곳에 살았으므로 해서 단 한 사람의 인생이라도 행복해지는 것, 이것이 진정한 행복이다."

내가 이 공동체에 머무름으로 단 한 사람이라도 행복해졌는가? 그렇다면 당신은 성공한 사람이다.

반구저기(反求諸己)란 말이 있다. '문제의 원인이나 발단을 나로부터 찾아 고쳐 간다'는 의미다. 느헤미야는 이렇게 사는 데 힘썼다. 이제 조용히 느헤미야의 기도를 우리의 기도로 받아들이자.

"하나님이여, 나를 기억하옵소서."

다른 사람이 어떻게 신앙생활을 하며 살아가는지 평가하고 비판하지 말라. 우리의 시선을 오직 하나님께 맞추고 하나님 앞에서 자신을 돌아보라. "하나님이여, 나를 기억하옵소서. 불쌍히 여겨 주옵소서. 긍휼히 여겨 주옵소서." 날마다 겸손하게 기도하는 우리가 되기를 간절히 소원한다.